Ga' i d

Ga' i ddarn o awyr las heddiw?

Aled Lewis Evans

Gwasg Gomer
1991

Argraffiad - 1991

ISBN 0 86383 713 1

Dymuna'r cyhoeddwyr gydnabod cymorth a chyfarwyddyd Adrannau'r Cyngor Llyfrau Cymraeg a noddir gan Gyngor Celfyddydau Cymru.

Argraffwyd yng Nghymru gan J. D. Lewis a'i Feibion Cyf.,
Gwasg Gomer, Llandysul, Dyfed

Diolchiadau

Carwn ddiolch i Eisteddfod Môn 1981, *Barn* a *Nene* am gyhoeddi 'Alltud', 'Blodau', 'Yr Alwad' ac 'Y Ffin' cyn hyn. Diolch i wasanaeth golygyddol y Cyngor Llyfrau Cymraeg am bob cymorth a chyngor ac i Wasg Gomer am eu cyflwyniad destlus arferol.

Hoffwn gyflwyno'r llyfr i'm ffrindiau oll a fu'n fy annog, ac sy'n parhau yn gefn i mi efo llenydda. Diolch i chi.

Aled Lewis Evans

Cynnwys

Yr Alwad

Bu'n ddiwrnod Nadolig rhyfedd iawn. Anfonwyd Gareth gan yr orsaf radio leol lle y gweithiai, i'r ysbyty i siarad â chleifion a nyrsys am eu 'Nadolig Gwyn', ac am eu brwdfrydedd rhyfedd oddi cartref, ar fore'r Ŵyl. Ond er gwaethaf y tinsel a'r carolau fe gafwyd dagrau—Cymry Cymraeg mewn wardiau estron ac addurn yn y gwallt yn dyheu am fynd adref. Gofynnodd un ddynes yn ei chornel iddo ysgrifennu nodyn i'w rheolwr banc yn ei phentref. Doedd ei merch ddim wedi galw i'w gweld.

'Dw i wedi blino ac eisio mynd adre i gael cysgu yn fy ngwely fy hun.'

'*Oh look*, *she's crying*,' meddai dwy greulon ar draws y ward wrth agor eu presantau Nadolig.

'Ond mae'r Iachawdwr yma efo mi ac mi fydda i yn gweddïo. Ond dw i wedi blino.' Arhosodd y ddynes ar gof y cyflwynydd fel y prysurai yn ôl i'r stiwdio.

Chwech o'r gloch yr hwyr ar ddydd Nadolig oedd yr adeg i Gareth fentro o flaen y meic ar derfyn dydd distaw y cinio ffwrn meicro-don yn y stiwdio. Fu fawr neb yno'r diwrnod hwnnw. Dim ond y fo a'i dâp golygu a chyflwynydd arall yn y brif stiwdio ddarlledu. Ciliodd y tîm newyddion erbyn dau a ffarweliodd pawb. Pwy fyddai'n troi'r radio ymlaen ynghanol y pendwmpian wedi'r gwledda? A fyddai rhywun yn rhywle yn falch o glywed neges y Nadolig o'u digonedd? A fyddai'r carolau a'r sgyrsiau'n cyrraedd calon rhywun o fewn dalgylch

9

yr orsaf heddiw tybed? I Gareth ar ei ben ei hun yn y stiwdio ddiarffordd roedd yn anodd credu fod unrhyw un am wrando.

Tra chwaraeai record gyntaf ei raglen cofiai Gareth am y cyflwynydd hwnnw a fu'n beichio crio yn ei unigrwydd ar yr awyr am ei fod yn rhoi a rhoi heb dderbyn dim yn ôl. Rhyw noson felly oedd nos Nadolig, a gallai Gareth gydymdeimlo â'r cyflwynydd hwnnw: 'Oes yna rywun y tu allan yn gwrando, unrhyw un? Ydech chi'n hoff ohona i? Petawn i'n rhoi cnoc ar ddrws eich tŷ heno, a gawn i groeso? Ar Ŵyl y Geni, fuasech chi'n fy nghofleidio i? Pe bawn i yn gofyn i chi fy ffonio ar y rhaglen, fuasech chi'n ymateb?'

Am wythnosau ymlaen llaw bu staff yr orsaf yn creu delwedd o jamborî'r Nadolig i wrandawyr bro—seigiau a gwinoedd tymhorol ar yr awyr, Santa'n siarad efo'r plant bach, a recordiau plastig Boney M yn sôn am y Baban Iesu gyda chymaint o arddeliad â balŵn yn gollwng gwynt. Ar derfyn y cyfan, wedi i bawb fu'n creu'r miri gilio i'w bywydau preifat i geisio rhyw ymdeimlad o'r Ŵyl, dyna Gareth ar ôl yn y stiwdio yn siarad, ar ben ei hun bach. Oedd yna rywun yn gwrando?

Wrth i'r tâp chwarae yn y stiwdio aeth Gareth i weld a oedd unrhyw un o gwmpas. Neb. Dim ond ei lais yn chwydu o'r uchel seinydd yn adrodd am y Nadolig a'i ffyddloniaid mewn dyddiau blin. Roedd yna flanced dawel o eira gwyn wedi casglu ar hyd yr olygfa eang drwy'r ffenestr, wedi ymddangos yn llechwraidd tra bu'n paratoi yn y cefn. Fe gâi drafferth i fynd adref heno. Rhyfeddod annisgwyl; y ffordd wedi bod yn glir drwy'r bore, a'r un rhagolwg tywydd wedi argoeli y byddai fel hyn.

Doedd mo'r fath beth â thechnegydd ar gael ar ddydd Nadolig a gwyddai Gareth mai gwell fyddai mynd yn ôl i'r stiwdio. Byddai distawrwydd ar yr awyr yn embarás, ac yn galw am esboniad credadwy i'r pennaeth ar ôl y gwyliau.

Agor drws trwm y stiwdio. Gwelai'r tinsel yn hongian yn llipa o'r blychau sain hyd y muriau fel pe bai wedi hen flino ar ei swyddogaeth dila. Rhoi record ymlaen. Paned—dyna'r ateb. Rhuthro i'r gegin fach, ond roedd y tecell wedi hen oeri a gorweddai gwaddod y gloddesta meicro-don ganol dydd yn nyfroedd trwchus lliw triagl y twb. Roedd drachtio ychydig o'r gwin fflat yn ormod o drafferth. Dyna fu'r unig gyswllt â'r byd mawr ers y bore— Ray o'r dafarn i lawr y ffordd yn dod â chinio Nadolig i'w gynhesu iddo. Y stwffin a'r cyfan, gan ei bod yn Nadolig.

Daeth y record olaf i'w chwarae—un yn sôn am *operator* yn ceisio Iesu Grist ar lein ffôn y nefoedd. Wrth wrando, syllai Gareth ar y rhes o oleuadau, ffôn di-fflach, marw, y gellid eu hateb yn y stiwdio.

'Wel, y gân yna, yn deisyfu'r Iesu ar ochr arall y lein, yn cloi'n rhaglen ni am heno. Dim ond y fi sydd yma heddiw, ond ar ran y cwmni ga' i ddymuno nos da i chi i gyd a Nadolig llawen iawn.'

Aeth ati ar ôl cloch olaf arwyddgan Nadolig yr orsaf, i roi'r stiwdio i gysgu a diffodd y switsys angenrheidiol. Rhoddwyd y tâp parod a oedd i redeg yn hamddenol dros nos, ymlaen yn briodol, ac yna aeth Gareth ati i glirio'r recordiau a'r tapiau o'r stiwdio. Poenai am gychwyn ei gar yn yr eira y tu allan. Mynnai'r gân *'Get me Jesus on the Line'* lynu fel gele yn ei gof, a chwibanai'r dôn yn uchel wrth droi ei gefn ar y stiwdio.

Ni sylwodd yn ei frys ar un o oleuadau niferus y llinellau ffôn yn fflachio. Roedd y tinsel yn ei guddio o'r drws. Lein argyfwng y stiwdio yn fflachio'n wyllt, rhywun am wneud cyswllt union-gyrchol.

Eiliadau

Cyffes Rhiannon

Dim ond am eiliadau bellach y daw'r cof i brocio,
y gydwybod i ddeffro, ac y daw'r sgerbwd bach du o
gwpwrdd yr isymwybod. Fe fedra i reoli'r cyfan i
eiliadau erbyn hyn; ni bu cystal actores erioed. Fe
fu'n funudau ac oriau a dyddiau o feddwl ar un adeg,
cyn y rhwyg. Y rhwyg efo'm chwaer ieuengaf,
Naomi. Cyn i Naomi beidio â bod, ond eto fe all
ddod heibio bob dydd—am eiliadau, bellach.

Lle mae hi erbyn hyn? Beth mae hi'n ei wneud?
Ma' hi'n byw yn yr un lle, mae'n rhaid—Wrecsam,
yr hen dref Seisnig 'na a'i difethodd hi. Fe gafodd
Naomi ei difetha erioed. Ond mae hi'n od, od iawn.
A rŵan wrth ymgasglu, mi 'dan ni'n sôn am Mam
sy'n wyth deg chwech gen i ac mewn iechyd
arbennig, Beth, sy'n chwaer arall i ni wedi ysgaru
ond yn goblyn o gês, ond dim byd am Naomi. Dydy
Naomi ddim yn bod, a rhaid i ni beidio â gwneud
iddi fod, er ei *bod* hi'n bod—yn Wrecsam. A 'bod'
ydy'r gair, wedi torri cysylltiad yn llwyr, heb fod
adre ers dros bedair blynedd, hyd yn oed yn gwrthod
siarad efo'r bobol-drws-nesa yn y tŷ cownsil yn
'styfnig ar ôl ryw ffrae. Ond mae'r teulu i gyd yn
'styfnig o Mam i lawr at y chwaer fach.

'Peidiwch â chwarae efo plant drwg ac yna fe ân
nhw i ffwrdd. Anwybyddwch nhw!' Dyna fydda i'n
'i ddeud wrth y plant. Cyngor dyddiol. Mor wir ydy
hyn am fywyd. Mae 'na Naomi yn y dosbarth—oes
wir—fel petai hi yno i'm hatgoffa ac mi fydda i'n

13

meddwl amdani bob tro y gwela i ei henw tlws. A dyna chi athro newydd 'di cyrraedd o Wrecsam, o bob man; pam ddim o rwla arall? Mae hi'n anodd ar ôl y rhwyg. Anodd. Rhaid i ni drio peidio â meddwl. Dw i'n gallu cofio enwau ac wynebau rhai o'm disgyblion cynharaf yn yr ysgol yn Lerpwl mor eglur—esgus ydy deud na alla i gofio Naomi. Ond mae'r cof yn aneglur. Esgus eto. Dw i'n sôn am y 'Cymod sy'n rhyddhau' yn y Capel, ond does 'na ddim Cymod yma, dim rhyddhad, dim ond ar yr wyneb.

Ddaeth Naomi ddim hyd yn oed draw i weld ei thad pan oedd o'n sâl, yn sâl iawn. Ac fe fu hi'n ffefryn iddo fo; ddaeth hi ddim draw er i Mam ysgrifennu. Falle ei bod hi wedi symud allan o'i gafael, allan o'n gafael. 'Dan ni i gyd ddim ar fai, does bosibl. 'Dan ni'n gwbod lle mae hi, ond mae arnom ni ofn. Tric sâl oedd peidio â dod i'r angladd os cafodd hi'r llythyr. Ddim eisiau ein hwynebu ni yr oedd hi; fu hi 'rioed 'run fath â ni, medda hi, ond mi'r oedd hi'n chwaer fach i mi unwaith. Dw i'n cofio pan oeddwn i yn y Coleg, i mi wneud astud-iaeth ohoni ar gyfer yr ymarfer dysgu, a hithau'n naw ac yn beniog. Naomi yn naw. Dw i'n gallu wynebu'r gorffennol pan oedd hi'n hogan fach a ninnau'n chwarae ysbyty ar lan yr afon, neu Gowbois and Indians. Fi oedd y cowboi, bob tro.

Mae ei phlant hi'n oedolion, bellach, ond 'dan ni erioed wedi cael eu hadnabod. Jamie, dyna i chi enw arall sy'n mynd drwydda i. Enw ei mab. Falle y do i ar ei draws o rywbryd. Ond fe fydda i'n osgoi Wrecsam. Osgoi, rhag ofn i mi orfod wynebu. Rhag ofn i'r eiliadau ddod yn funudau, oriau, dyddiau eto. Ofn ar ôl y rhwyg. Rhaid i ni beidio â meddwl.

Mi'r oedd Naomi yn wahanol. Priodi rhyw foi am

14

ei bres. Rhyw Sais, ac ysgaru wedyn. Mi'r oedd o'n frwnt, meddan nhw. 'Dan ni i gyd yn diodda bryntni. Ond Mam—fysa Mam ddim yn medru maddau iddi rŵan; fysa hi ddim yn medru ei hisel-hau ei hun. Hithau yn siarad ei Saesneg mawr yn Wrecsam, ac wedi troi ei chefn ar bopeth gafodd hi ei magu efo fo. Ac mi dw i'n trio byw bywyd da, agos at fy lle, yn yr eglwys, yn y gymdeithas, yn yr ysgol, ond fe ddaw eiliadau—ar yr adegau mwyaf annisgwyl—pan ddaw Naomi i'r cof a'r gwacter y tu mewn ynglŷn â'r sefyllfa.

Falle ar ôl i Mam farw y bydd hi'n haws, ond a fydd Mam yn marw'n hapus, yn gwbl hapus? Wnaiff hi ddim cyfaddef iddi fethu hefo Naomi. Bygwth ei thorri hi allan o'r ewyllys a phob dim, ac mae mwy o angen pres arni hi na ni. Peth bach. Merch alluog, cofiwch. Hollt, rhwyg digyfaddawd yn groes i'n crefydd ni—y fi a'r gŵr—allan o'n dwylo ni. Tybed? Ar adegau fel hyn y do' i i gwestiynu beth ydym ni, pa act 'dan ni'n ceisio ei chadw. Cystal un â neb arall, ma' siŵr. Pan ddaw'r eiliadau i deyrnasu mae pob castell tywod yn chwilfriw nes eu gorfodi'n ôl i'w lle gan ffrâm bywyd fel ag y mae. Dw i'm yn gwbod fasa hi'n siarad efo mi taswn i'n mynd i'w gweld hi. Falle tria i yn yr Haf . . . yn y gwyliau . . . mynd yno efo nodyn i'r Siop Lyfra yn Wrecsam, gofyn am ryw lyfr anghyffredin . . . i weld fasa hi'n fy 'nabod i. Falle yr a' i cyn hynny . . .

Tybed a ddaw rhywbeth neu rywun i bontio'r rhwyg? A ddaw Duw i lenwi'r eiliadau . . . munudau . . . eiliadau hyn? Ef ddaw os daw rhywun.

Cyffes Naomi
Beth sy 'di dod drosta i yn meddwl am yr iaith Gymraeg, o bopeth? 'Sgin i ddim cariad tuag ati,

mae gin i well pethau i'w gwneud efo 'mywyd nag achub yr iaith Gymraeg fath â fy chwiorydd i a Mam. *Oh my God*—dw i 'di cyfadde i mi fy hun eu bod nhw'n bod. Dw i 'di dileu'r cof amdanyn nhw, am fy nghefndir i, am fy nheulu i, popeth amdanyn nhw, fel nad ydyn nhw'n bod i mi. Does gen i ddim mam a chwiorydd. Dw i'n uned annibynnol heb-ddyn nhw, yn gallu bodoli hebddyn nhw, ac mae gen i fy rhesymau. Ma' 'nheulu i mor gul, mor uffernol o gul. Do'n ni ddim am fyw fel y nhw. Ond dw i'n hidio'r un daten a deud y gwir. Doedden nhw byth yn dod yma pan o'n i eu hangen nhw, nhw a'u crefydd. Do, mi briodis i rywun gwirion i ddechra, a chael babi tra o'n i yn y coleg. Ches i 'rioed fod yn athrawes barchus fel fy chwiorydd i, er 'mod i'n smalio 'mod i 'di bod.

Pwy ddiawl sy'n gwbod 'y musnes i yn *Wrexham*? Ar ôl i'r briodas fynd yn ffliwt fe ddaeth Mario ar y *scene*. Ew, mi'r oedd o'n hen ddiawl brwnt efo fi hefyd—yr hen gythral, ac mi wnes i ddiforsio hwnnw ar ôl cael 'i blant o. 'Den nhw ddim yn hoffi'r enwau Saesneg, Jamie a Wayne—y *Gestapo* yn ôl adre. *The stubborn old Welsh people*. Dydy o ddim yn adre i mi, nid adre oedd y gair iawn. Dydy o'n golygu dim i mi. Dim o gwbl. Dw i'n gwbod 'i fod o'n ofnadwy nad ydw i'n cysylltu efo 'nheulu ond mae gen i fy rhesymau. Does na ddim ail gynnig yn fanno, unwaith fod ganddoch chi flot ar y *copy book*. Ma'n nhw'n cofio am byth allan yn y *wilds*.

Doedden nhw ddim yn gallu'i wynebu fo, *No 3*, Dave Curtis ac roedd ei wreiddia fo yn dod o blydi Llan Ffestiniog. Mi allsa hynny fod wedi'u plesio nhw, ond fe wrthodon nhw ddod i'r briodas. *Couldn't cope*. Fedran nhw ddim meddwl 'mod i o

16

ddifri yn chwilio am hapusrwydd, fedran nhw ddim derbyn rhywun o'r teulu yn priodi am y trydydd tro. Ella i ddim diodda gogledd Cymru; dydy o ddim fath â'r de. Dydy'r bobl ddim yn deud be ma'n nhw'n 'i feddwl. Dim ond hintio ma'n nhw o lle dw i'n dod. *Anyway*, ddaeth y diawled ddim i 'mhriodas i, ac mi wnes i'n siŵr eu bod nhw'n gorffen yn fy nghof i, nad yden nhw'n bodoli, 'mod i'n gallu gwneud hebddyn nhw, heb eu crefydd nhw, heb eu hiaith nhw, heb ddim o 'nghefndir i. Hogan fach o'r Capal. *Look at her now!*

Mi fydda i dal i ddeud 'mod i'n dod o Gricieth, ac yn dal i ffendio fy Nghymraeg i pan mae o o iws i mi, ond dw i heb ddysgu o i'r plant, dw i ddim am iddyn nhw wbod. Creu Blodeuwedd. Dw i'n ddigon call i wybod be dw i'n blydi gneud—Mabinogion *and all that*—creu rhywbeth heb wreiddiau, wel pam ddim? Dw i'n palu clwydda i gael y bygars i gyd yn *barmy*, sôn am ddechra busnes fy hun (*like hell*, lle ga' i bres fel 'na?). Dw i'n sôn am fy mhrofiadau dysgu (ddysgais i 'rioed). Dw i'n sôn fod gin i lawer o ffrindia yn Wrecsam (alla i gyfri nhw ar un llaw). Ond mae gen i Dave. Does 'na neb yn gwbod dim amdana i yn fan hyn, ac unrhyw un sy'n debygol o wbod rhywbeth, *I keep well away.* Dw i'n cael *get away* yn fan hyn, ac actio fel fy chwiorydd weithia os ydw i isio rhywbeth, neu os dw i isio cofio'r Gymraeg. Y 'Dolig hwn ma gen i 'chydig bach mwy o bres nag arfer (yn rhedeg fy musnes fy hun yn Bersham) a dw i'n mynd i gael camera fideo i gael llun o ferch fach Jamie. Dw i'm 'di 'u gorfodi nhw i beidio â mynd i weld Nain a'r teulu, ond ar ôl i mi esbonio amdanyn nhw, dydan nhw ddim isio mynd.

Y fi oedd ffefryn Dad, ond es i ddim hyd yn oed i'w angladd o (*work that one out*). Chaiff neb fy neall i.

Bob tro fydda i'n clywed yr enw Rhiannon fydda i byth yn meddwl am fy chwaer, ond am ffrind i mi yn Llundain, ac mi'r oedd ganddi hi chwaer gas hefyd a bydde hithau o hyd yn meddwl am ei ffrind yn lle ei chwaer. Doedd ganddyn nhw ddim diddordeb yn fy mhlant i ar hyd y blynyddoedd. Dim ond pan o'n i'n dêtio'r boi 'na o Sir Fôn, Cymro, mi ddechreuon nhw ymweld ychydig wedyn. Ond mae'n fater i'r plant rŵan, ddim eu bod nhw isio gwneud unrhyw beth ar ôl i mi fod yn siarad efo nhw.

Mi wnes i fwynhau fy hun tan o'n i'n ddeg oed, a wedyn mi ddechreuais i deimlo nad oeddwn i'n debyg iddyn nhw, nad oeddwn i'n chwaer iawn iddyn nhw. Dw i 'di priodi Dave rŵan, a dw i 'di newid llawer ers i mi gyfarfod o. Mi fasa'n llawer iawn gwell gin i fod wedi cael teulu a Nain a Taid iddyn nhw gael gweld, ac antis ac yncls. Ond nid y nhw. Ddim ar ôl y rhwyg. Faswn i'n hoffi mynd adre a chael Mam i dderbyn fi yn ei breichiau, a'u hagor nhw i mi. Ond wnaiff hi ddim. Byth. Does 'na ddim maddeuant yn perthyn i'r teulu yna. Ond Rhiannon 'di'r waethaf; ma' hi'n waeth 'na Mam! Mor *scheming* a *hypocritical*. Iawn bod yn Efengylwyr ac yn *masons* a phetha ond lle'r oedd eu Cristnogaeth nhw pan oeddwn i eu hangen? Ers tua pum i chwe blynedd rŵan dw i 'di deud wrthyn nhw nad ydw i ddim isio dim i'w wneud efo nhw.

Mae'n eironig ar y diawl fod 'na gerrig Gorsedd yn f'ymyl i, yn f'atgoffa i am Steddfodau, a Chymru, bob tro yr ydw i'n mynd a Lisa Marie fy wyres fach am dro yn y Parc. Fe fasan nhw wrth eu

18

bodd mewn blydi Steddfod. Ma' Dave yn sgwennu llyfra, a dw i'n siŵr y basa hynny'n plesio.

Does 'na neb yn mynd i gael gwbod y rhesymau am y rhwyg, dw i ddim am dreulio eiliad yn gwastraffu sgwrs efo rhywun. Bob blwyddyn mi fydda i'n addo i mi fy hun i gario 'mlaen fel hyn. Fel hen wrach. Dw i ddim angen pobl fel y nhw yn fy mywyd i. Mae gen i ddigon o bobl neis yn ffrindia yn fy mywyd i, hebddyn nhw. *Their old Welsh stubbornness.* Fel f'un i, er fod f'un i'n wahanol. Dw i'n neis efo pobl am resymau gwahanol i 'nheulu i.

Adeg 'Dolig 'di'r unig adeg fydda i'n meddwl; dydi *Mother's Day* yn effeithio dim arna i. Mynd yn dawal fydda i at y 'Dolig, gorfod encilio i ryw gaffi am rôl bach i mi fy hun a phaned, encilio, mynd yn dawal, bron fel pe bai arna i gywilydd. Fydda i'n mynd i'r caffi ger yr eglwys, yr un newydd. Does 'na neb yn f'adnabod i yno. Pawb arall efo'u teuluoedd a finna'n fanno. Ond mae gen i'r camera fideo y 'Dolig yma. *But the rest of the time I couldn't give a toss about them.*

Ga' i Ddarn o Awyr Las Heddiw?

Byd prysur oedd berw'r stiwdio radio. Pawb yn sgrialu am stiwdio wag i gael recordio eitem, neu am funud fan arall i gael gorffen gwaith ar ryw dâp. Ras o hyd. Bu Ruth yn gymorth mawr i Alun ar ei raglenni radio Cymraeg gan mai hi oedd yr unig Gymraes yn yr adeilad. Ers iddi ddod yno bron, bu'n gwneud eitem ar raglen nosweithiol Gymraeg yn sôn am hynt a helynt y digwyddiadau yn y cylch. Cafwyd cryn hwyl yn eu recordio ac fe gadwyd tapiau y camau gweigion a'r troeon trwstan ar gyfer rhyw achlysur yn y dyfodol—y tâp Nadolig, efallai!

Roedd hi'n rhai wythnosau ers i Ruth recordio'r 'Digwyddiadau' ac rywsut roedd yn anos ei chornelu i wneud recordiad, ac roedd llai o lythyrau wedi eu gyrru i mewn. Rhyw gyfuniad od o amgylchiadau a barodd i bethau fynd o chwith, heb i neb fwriadu iddynt fynd.

O'r diwedd llwyddwyd i gael Ruth i'r stiwdio er iddi sisial rhywbeth dan ei gwynt fod y ffôn heb unrhyw un i'w ateb, a'i bod hi wedi gadael rhywun cwbl ddibrofiad wrth y llyw yn y dderbynfa, un o'r merched Cynllun Creu Gwaith.

'Mi wnawn ni o'n gyflym,' ebe Alun, a rhoddwyd y tâp i redeg.

Stop.

'Wnest ti sylweddoli i ti ddweud Edyrnon yn lle Edeyrnion? Côr Merched Edeyrnion.'

'Fedra i ddim eu gwneud nhw fel hyn. Dw i'm 'di cael brêc. Mae 'ngwddw i'n sych. 'Ti'n gwbod, dw i jyst ddim yn medru gwneud pob dim.'

'Fuaset ti'n hoffi i mi wneud y "Digwyddiadau"?' gofynnodd Alun yn ddigon diniwed.

'Dwyt ti ddim eisiau i mi eu gwneud nhw, felly?'

''Ti'n gwbod 'mod i eisiau i ti eu gwneud nhw, ond dw i ddim eisiau gorfod mynd ar y 'ngliniau bob tro i weld os wyt ti'n barod i'w gwneud nhw.'

Cynhyrfodd Ruth drwyddi.

'Dyna fo! Dw i 'di cael digon. Dw i'n mynd i gael gair efo'r bòs am hyn. Dw i 'di cael digon!' bloeddiodd, a thaflu'r papurau "Digwyddiadau" tuag at Alun. Wnaeth o ddim mynd ar ei hôl fel y disgwyliai iddo wneud.

Gwraig ifanc bron â bod yn ganol oed oedd Ruth. Byddai'n cael trin ei gwallt yng Nghaer bob wythnos bron, a gwisgai lawer o golur. Ar rai achlysuron edrychai'n hen, fel petai ei hieuenctid wedi diflannu unwaith ac am byth, dro arall edrychai'n fythol ifanc gyda rhyw loywder yn ei hwyneb a'i chroen, a phefriai'r llygaid y tu ôl i'r sbectol.

Ond wedi'r digwyddiad yn y stiwdio anelodd yn unionsyth am ei thiriogaeth yn y dderbynfa heb edrych ar unrhyw un o'r rhai a weithiai wrth y desgiau yn y swyddfa gynllun-agored. Crafangodd am ei chôt, ei bag a'i hymbarél.

'Ruth, are you all right?' meddai un o ferched yr adran werthiant a sylwodd fod rhywbeth o'i le.

'Dw i'n mynd! Dw i 'di cael digon. Dyna fo, dw i'm yn dod yn ôl yma eto.' Ceisiodd Kathy ei hatal ond fe'i gwthiwyd o'r ffordd.

'No, I'm going.'

Brasgamodd Ruth ar hyd ei llwybr adref, ar draws y briffordd ac i'r stad o dai ar ochr arall y ffordd. Roedd ei hanes yn rhy hir ac yn rhy ddyrys ac roedd yn rhaid gadael a mynd adref. Gartref roedd y noddfa, ac wrth newid i'w gŵn nos a gorwedd yn swrth yn y gwely efo'r gynfas dros ei phen, doedd y byd mawr hyll ddim yn bod. Dyna oedd ei ffilosoffi am y gorffennol a'i thorpriodas.

'Fydda i ddim yn meddwl am y gorffennol ac wedyn dydy o ddim fel petai o wedi bod o gwbl.'

O dan y cynfasau, ei hunig obaith ynglŷn â'r byd mawr y tu allan oedd clywed cnoc ar y drws. Byddai hynny yn dangos iddi hi ennill a bod y gweddill wedi dod ati hi. Cofiai'r adeg pan oedd hi'n fechan, yr hynaf o blith ei brodyr a'i chwiorydd. Aml i dro bu'n rhaid iddi ofalu amdanynt i gyd a mynd â nhw i'r traeth bron fel pe bai hi'n rhiant. Byddai ei mam a'i thad yn ffraeo mor aml. Un diwrnod cofiai iddi fod ar ei phen ei hun ar dwyni'r morfa. Roedd ei brodyr a'i chwiorydd yn chwarae ar y traeth o'i blaen. Edrychai hithau ar yr awyr. Roedd yr haul a'r cymylau yn ffurfio patrwm ar hyd y traeth o fynd a dŵad. Bron nad adleisiai ffraeo ei mam a'i thad ar y gwynt. Cofiai iddi feddwl bryd hynny wrth syllu ar yr awyr fod y boced o awyr glir, las mor hardd, a'r cymylau yn ei dagu. Cofiai ddeisyfu mwy o'r glas, mwy o'r dymunol a mynnai sgubo'r cymylau oddi yno. 'Ga' i ddarn mwy o awyr las heddiw?'

A dyna fu ei bywyd ers hynny; ar yr arwydd lleiaf fod yr wybren am gymylu a chuddio darn o'r haul, deuai Ruth yno i'w sgubo oddi yno yn y dulliau mwyaf amrywiol pan fygythid y glas. Toc, byddai cnoc ar y drws yn dangos fod Ruth wedi ennill a'r glas a'r haul yn ôl yn eu lle.

Bu adeg pan lethwyd Ruth gan gymylau, a bu'n rhaid iddi fod dan ofal meddyg yn ysbyty'r meddwl. Dychwelodd cymylau ei phlentyndod yn waeth adeg y briodas a fethodd. Am gyfnod dychwelodd i blentyndod mud gan afael yn ei doli wrth chwilio am lygedyn o'r haul a'r glas. Daeth yn ei ôl, ond roedd yr ymlid ar y du yn llawer taerach wedyn. Byddai arlliw o gwmwl yn cael y driniaeth hunan-amddiffynnol. Deuai i'w gwely i niwtraliaeth neu i ddisgwyl ymyrraeth gan y ffôn neu'r gloch ffrynt. Yn ei chartref crëwyd caer yr awyr las ddigwmwl, ac yma yr oedd Ruth ar brynhawn y digwyddiad pan ganodd cloch drws y ffrynt; yno'n swatio efo'i chath nad oedd yn ateb yn ôl.

Yn y cyfamser bu Liz, o'r adran werthiant, y baglodd Ruth drosti ar ei ffordd adref, yn sgwrsio ag Alun.

'Mi wn i nad ydy o'n ddim byd i wneud efo fi, ond wyt ti newydd fod yn cael gair neu ddau efo Ruth?'

Ffrwyth y drafodaeth a ddilynodd oedd canu cloch drws ffrynt y tŷ ar y stad. Daeth y byd y tu allan yn ôl yn blaen iawn i'w chlyw yn y gwely. Gwelodd Liz siâp Ruth drwy wydr drws y ffrynt.

'Liz sydd yma, Ruth.'

Crafangodd Ruth am y goriad drws ffrynt ac agor y drws.

'*Come in, Liz.*'

Yna sylwodd fod Alun yno ac edrychodd arno'n ffyrnig. Ond ar waethaf y smalio, roedd hi wedi ennill. Er iddo ildio iddi, byddai'n rhaid i'r act barhau am bob diferyn o gydymdeimlad y medrai hi chwarae ag o.

'Wyt ti'n gwbod gymaint yr ydw i'n hoffi gwneud y ''Digwyddiadau''? Dw i'n fodlon eu gwneud nhw am ddim. Dw i'n cael dim ceiniog am wneud! Doeddet ti ddim yn gweld pa mor bwysig oedd hyn i'm hunan-hyder i ar ôl i mi fod drwy bob dim?'

Er bod y cymylau wedi eu pacio o'r ffordd a'r haul yn ôl, ni adawai i Alun gael mwynhau'r heulwen heddiw. Câi ei gosbi am fynnu bygwth ei gorwel â'r cymylau.

'Nac ydw, mae'n rhaid.'

'Wel, dwyt ti ddim yn gwbod dim amdana i felly.'

Ar waethaf popeth, croesawyd Liz ac Alun i mewn am baned, a daeth yn amlwg o'r sgwrs mai dim ond coron oedd y mater 'Digwyddiadau' ar broblemau eraill o bob rhyw a fu'n pentyrru, yn gwrthdynnu, ac yn sypiau o orfodaeth di-dâl ar ei desg yn y dderbynfa.

'Dw i 'di cael ffrae efo'r bòs hefyd, ac mae o wedi pwdu yn ei Swyddfa. Mi ddeudodd o 'mod i wedi ei frifo fo. Ond dim ond dweud y gwir wnes i, ac mae'r gwir o hyd yn brifo.' Roedd hi wedi ysgubo ei chymylau hi tuag ato fo.

Chwarter awr yn ddiweddarach, roedd pawb yn ôl yn yr offis. Alun wedi ei synnu gan ymddygiad Ruth, a hithau'n gydwybodol yn ceisio plesio pawb, ac yn cnoi *Cornetto*. Syllai ar yr awyr y tu allan yn batrwm o gymylau ac awyr las, wrth geisio ail-setlo'r diwrnod, er ei bod wedi ei hypsetio ac yn debygol o fod yn ddiog am weddill y pnawn. Byddai'r bòs yn iawn pe bai hi'n gwenu ac yn gwneud paneidiau di-ri o de iddo yn ei fŵg metal heb rwgnach.

Wrth i Ruth roi cnoc ar ddrws y bòs i ddechrau ei brynhawn efo paned, galwyd hi i mewn.

'Eisteddwch am funud, Mrs Roberts.'

Ni sylwodd Ruth ar y cwmwl du a ddaethai i bylu'r wybren. Crogai yn yr awyr uwchben yr adeilad heb sbec o oleuni i'w weld yn unman drwy'r ffenestr.

Alltud

Toronto,
Mai 1af, 1980.

Annwyl Alun,

Mae'n wirioneddol ddrwg gennyf fod mor hir yn ateb dy lythyr, llythyr a fwynheais yn fawr. Roeddwn wedi meddwl ateb gyda llythyr maith ysgolheigaidd i'w gymharu â'r un a gefais gennyt ond mi wnes smoneth o bethau, ac i'r celwrn sbwriel â fo! Dyma drio ail sgwennu.

Dw i'n setlo i lawr yn o lew erbyn hyn fy hun bach er cael y prisiau yn dringo yn rhy gyflym i'm plesio gan na chaf ychwanegiad at y pensiwn am dair blynedd arall. Mi'r oedd o'n gneud yn reit deidi i mi ag Edna yn '77, ond mae'r chwyddiant cynyddol 'ma yn fy ngadael ar y clwt. Mi fues yn holi am waith ysgafn mewn canolfan dosbarthu llythyrau ond dweud yr oedden nhw y byddai'n rhaid i mi gymryd fy lle ym mhen ôl y ciw gan nad wyf wedi fy ngeni yma. Hynny ydy, mi fuasai ciaridým o *Secondary School* yn cael tamed o'r gacen o 'mlaen i!

Gobeithio i'th rieni ddod tros eu hafiechydon a'u bod bellach yn edrych ymlaen at flynyddoedd o iechyd a hwyliau. Ydy dy dad yn dal i weithio? Dywed wrtho am beidio â gweithio'n rhy galed neu fe fydd y straen yn siŵr o adael ei ôl. Dyna beth ddigwyddodd i mi. Gweithio'n ddi-baid ar fwy o waith nag y medrwn ei drin yn deidi mewn amser penodol.

Llongyfarchiadau i ti ar ennill dy radd mewn Ffrangeg—go dda! Dw i'n falch iawn ohonot. Roedd hi'n werth ailddechrau wedi'r cwbl, yn toedd? Mae Gwilym yn rhygnu arni, eisiau newid ei gwrs a ballu a braidd yn anniddig. Mae o 'di mynd am frêc bach i rywle.

Bûm yn rhoi blodau ar fedd Edna ddoe.

Wel, rhaid terfynu,

Wil J.

Long Beach,
California.
Ebrill 15ed, 1980.

Haia Al,

Sut wyt ti ffŵl? Wedi dianc hefo Dolly i'r *West Coast*. Sôn am *high life*. Grêt, *man*! Byw efo'n gilydd mewn *shack* reit ar fin y *surf*. *Gorgeous place*. Nofio bob bore. Ynghanol *heat wave* yma. Bywyd yn un *joy-ride*.

Hwyl,

Gwil.

Toronto,
Medi 3ydd.

Annwyl Alun,

Gair byr atat i ddiolch am yr alwad ffôn bythefnos yn ôl pan oeddwn allan gyda'r cŵn. Biti i mi dy golli di y tro hwnnw yntê?

Rwyf yn llawer gwell erbyn hyn, y driniaeth ar y gwar wedi lladd y *melanoma* a'r cancr arall wedi ei dorri allan bron i gyd. Mi dw i'n cymryd llawer o fitamin C yn awr i geisio cael gwared o unrhyw beth a allai fod ar ôl. Fe ddaeth o i gyd mor sydyn, yn do? Dydy'r *X-ray* ddim yn rhyw glir iawn.

Mae hi wedi bod yn sbel hynod o braf yma, fel tywydd haf er fod y *States* wedi cael tywydd sobor. Wedi cael amser i ordro cerflun i fedd Edna o'r diwedd, ac isio tacluso'r plot ryw ychydig. Heb glywed gair gan Gwilym; mae sôn iddo ffoi hefo Dolly—dim byd ond trafferth. 'Sgwn i lle'r aethon nhw mor hir?

Rwy'n falch iawn o'r llyfr a anfonaist ar y Cynganeddion; dw i'n dechrau cael llyfrgell fach Gymraeg yma rŵan. Weles i'r ffasiwn beth yn fy mhwff â'r cylchgrawn 'ne sydd gennych chi adre, *Tua'r Ffin*. Wedi gyrru pres ond heb gael dim yn ôl. A hwythau'n gofyn am gyfraniadau hefyd! Ffordd ryfedd iawn i redeg papur newydd. Dydw i ddim yn gweld unrhyw beth yn anodd mewn gyrru papur drwy'r post. Wel, mae rhywun eisiau cic yn ei din; petawn i adre dyna fasai'n digwydd.

Wedi clywed fod y fitamin C 'ma yn dda iawn tuag at gancr—rhyw ddeg gram bob diwrnod, os medrir. Mi dw innau'n cymryd tri gram y dydd rŵan. Rwy'n amgáu erthygl am y peth sy'n werth ei halen. Wyddost ti ddim pryd y daw defnydd i'r fath wybodaeth.

Cofia fod yma ddigon o le i ti aros unrhyw adeg— ond i ti helpu ychydig gyda'r golchi llestri.

Cofion atat,

Wil J.

O.N. Dyma rywbeth bach at y bil ffôn.

Long Beach,
California.
Medi 15ed, 1980.

Hi there 'rhen Al,

Newydd brynu breuddwyd o gar. Ffantastic! Yn mynd fath â'r gwynt o un pen i'r llall. Dal yn ganolog yn California. Wedi cael haf heb ei ail. Fawr o awydd gweld 'rhen ddyn. Ma' siŵr 'i fod o'n 'i rhygnu hi 'mlaen fel arfer. Waeth i mi heb.

Hei! Hei! Hei! Ma' Dolly'n *some gal*. Yn disgwyl baban! *Just think*, fe fydda i'n dad i'w phlentyn. *Whoopee!* Hyn o bwt yn frysiog iawn achos dw i'n hanner *stoned* wrth sgwennu—*Birthday* Dolly, 'ti'n gweld. Mae 'mhen i mewn clamp o gwmwl ar hyn o bryd—dipyn o *knees up*. Dw i'n chwysu fath â mochyn achos ma' hi fath â ganol haf yn fa'ma.

So long,

Gwil.

Toronto
Rhagfyr 3ydd.

Annwyl Alun,

Mae hi 'fath â bedd yma; does dim i'w wneud ond edrych ar oleuadau'r 'Dolig drwy'r ffenestr. Neb yn galw. Dim ond y ddynes o'r fflat nesa i fynd ar neges i mi. Dw i'm yn siŵr iawn os ydy hi 'di symud allan. Roedd hi'n sôn am wneud. Fawr o awydd symud gewyn i grafu tamaid i fwyta. Y gwddw'n annioddefol—methu llyncu na bwyta, beth bynnag.

Dw i'n meddwl yn siŵr i mi gael cip ar Edna yn cerdded ar y stryd. Mi godais fy llaw ond fe aeth fel saeth am y *subway*. Paid â sôn! Fe ddaeth Dad a Mam i 'ngweld i ddoe; 'tawn i'n marw, doeddwn i'm yn meddwl eu bod nhw'n gwbod lle'r o'n i. Hen hogyn drwg fues i erioed. Mi wnaeth Mam ŵy ar dost bach neis i mi efo bara brown a'r menyn wedi meddalu'n llyn arno. Ac fe eisteddodd Dad yn y gornel hefo'i getyn yn mwmian rhywbeth neu'i gilydd. Mae ogla'r mwg yn dal yma. Maen nhw'n cofio atat. Roedden nhw'n holi am Gwilym, ond do'n i ddim yn leicio dangos f'anwybodaeth. Hwyrach ei fod o'n byw yn yr henwlad ond alla i yn fy myw mo'i gofio.

Yn gywir iawn,

William John Jones

O.N. Daeth y 'ddinasyddiaeth' drwodd o'r diwedd. Medraf ddal fy mhen i fyny rŵan.

Toronto
Bore Gwener, Rhagfyr 13eg

Annwyl Alun,

Mae hi'n ddigon oer i rewi mwnci haearn yma. Pobman yn wyn ac yn rhewi. Bron nad ydw innau wedi rhewi hefo nhw. Y gwddw'n llosgi'n ddi-baid. Mae 'na lifogydd mawr ar y ffordd, ac mi dw i'n stwc yn fan hyn. Mae'r trydan wedi diffodd yn y rhan fwyaf o'r sir. Dw i'n cael hi'n anodd siarad y dyddie 'ma—methu cael y geiriau allan yn iawn. Dim ond sgwennu pytiau byr atat ti a wnaf.

Deuda di—ydy'r hen bapur 'ne yn dal i fynd yn Nhre-ffin? Un sâl oedd o hefyd. Yr awydd i gyfrannu wedi corddi ond dw i am adael iddi hi rŵan tan ddaw'r gôg i ganu.

Mi 'swn i'n leicio bod adre am sbel. Jyst am frêc bach a choed y Plas ar ddeilio. Mi dw i'n cofio'r cyfan heddiw 'ma. Pob un dim. Fe ddaw Gwilym yn ôl o'r ysgol cyn hir, 'rhen gariad bach. Mi dw i'n dal i wella.

    W.J.

                   Toronto Police Department

December 14th 1980.
URGENT TELEGRAM DELIVERY
To   Mr Alun Evans
      Ffridducha
      Llanelidan
      Wales   England

WILLIAM JOHN JONES DIED LAST NIGHT STOP NO KNOWN CONTACTS HERE STOP INTERNMENT 16TH DECEMBER STOP YOUR LETTERS IN HIS WALLET STOP

           Head of Police Department.

               Long Beach,
               California.
               Pnawn Gwener, Rhagfyr 13eg.

Haia Al,
    Y babi wedi cyrraedd. *Terrific!* Gwilym Davy Jnr. *My God*, sut gymerith yr hen ddyn y newydd?

    Gwilym.

Yn Gynnar yn yr Oedfa

Peth braf fyddai bod yn gynnar yn un o oedfaon Capel y Graig a chael eistedd yng nghlydwch y sedd gefn i syllu a sylwi ar gynulleidfa'r cwrdd. Cymeriadau mor frith â lliwiau tapestri Bayeux, ac un o'r un defnydd â phererinion oesol Chaucer. Rhai ohonynt yn dod i mewn drwy'r drws mor wylaidd fel eu bod bron yn ymddiheuro wrth groesi'r rhiniog, ac eraill yn ymwthio'n eofn i ddadorch-uddio'r wisg ddiweddaraf gyda'r un balchder â Sian Owen yn ei siôl fenthyg.

Tua chwarter i ddeg byddai'r selogion yn cyrraedd, yr hen aelodau a'u gwên sicr, a'u bryd ar sedd arbennig ymhlith y seddau diduedd newydd a fyddai fel stampiau post i Wil Bryan. Ond doedd eu rhuthr ddim yn ormodol, a'u hawydd am olygfa dda ddim yn drech na llaw groesawgar a sgwrs. Byddai'r organydd yn dechrau dangos ei fedr wrth i'r llif mwyaf ddod i mewn ar gyfer deg o'r gloch. Erbyn hyn byddai'r parc ceir wedi ei dagu â cheir crand, a'r Gweinidog wrth y drws yn ysgwyd llaw â'r ffydd-loniaid. Llithrai amryw drwy ei rwyd; roedd yn amlwg fod rhai yn gannwyll llygad iddo tra y câi eraill fynediad didramgwydd. Hwyrach fod llai o waith bugeilio ar rai. Grwndi'r gynulleidfa yn disgwyl am arweiniad o'r tu blaen, a dwy neu dair yn sylwi ar rywun neu rywbeth. Merch ifanc heb fod yn yr oedfa ers tro yn gwrido oherwydd yr holl sylw gan rai a'i cofiai, a phlentyn yn syllu'n dangnefeddus ar bawb ac yn codi llaw ar Yncl

Ffred. Brian, gŵr nad yw'n deall fawr o Gymraeg, yn troi i mewn ac eistedd yn y cefn. Rhywbeth yn ei bigo efallai ar ôl i'r Gweinidog ei gornelu mewn rhyw fore coffi rai misoedd yn ôl.

Cyn hir deuai'r blaenoriaid i glwydo yn eu seddi blaen bob ochr i'r pulpud; llithro i mewn yn urddasol a rhoddi help llaw i ddau aelod llesg yn eu plith—cymorth o'r galon. Cyhoeddwr y mis, o blith y blaenoriaid, yn tacluso'i bapurau ac yn ymarfer ei linellau wrtho'i hun.

'Sanctaidd, sanctaidd, sanctaidd, Duw Hollalluog', y cytgan agoriadol a'r gynulleidfa yn codi ei golygon tua'r pulpud. Yn y tawelwch cyn yr emyn cyntaf ymddangosai Nerys yn hwyr, yn ysblander gwisg newydd a cholur yr wythnos i wneud yn siŵr y sylwid ar ei mynediad. Rhai'n syllu . . . 'O! dyna hi eto', ac eraill yn derbyn ei bod yn hwyr i bopeth, ond yn fwy o Gristion hwyrach na'u hanner nhw. Gafaelai yn dynn yn y groes arian o gylch ei gwddf gydol y gwasanaeth. Wrth ei hochr roedd Jill a'i gwallt liw potel—hen hogan glên, er iddi golli ei dilysrwydd fel llawer un arall yn y byd sydd ohoni. Doedd ei gŵr wrth ei hochr ddim yn credu llawer, hyd y gwyddwn i; ddim yn siŵr iawn o'r pethe ac eisteddai'n anghysurus weithiau a golwg bell yn ei lygaid. Y tu ôl iddynt roedd Mr a Mrs Johnson. Halen y ddaear. Roedden nhw wedi byw mewn tŷ teras ers blynyddoedd ac yn mynd i Folkestone am wyliau bob blwyddyn at berthnasau. Bowls oedd ei fywyd o ar ôl ymddeol, ac roedd hithau'n hollol fodlon ar ei bywyd syml. Ond cafodd ei brifo pan gerddodd gwraig y Gweinidog heibio iddi un diwrnod heb wên na chodi llaw. Doedd pethau ddim fel oedden nhw yn yr hen ddyddiau.

Cafwyd hwyl dda ar yr emyn cyntaf, yr hwyl

arferol yn yr oedfa gyntaf ar ôl gwyliau'r haf. Roedd Davida Davies wrth ei bodd yn ei het Gasablanca, yn geirio'n groyw, a thrin pob brawddeg gyda sglein broffesiynol. Bu criw'r teledu yn ffilmio gwasanaeth o'r capel yn y gwanwyn, a thybiai llawer iddi gael llawer gormod o sylw'r camerâu y pryd hynny. Roedd ei phlentyn wrth ei hochr yn ufudd-ganu ac yn mynd yn debycach iddi bob dydd. Ond roedd Davida'n ddigon craff a digon call i wybod mai act oedd y cyfan o'i chwmpas, ac roedd yn rhaid cael cryn reolaeth ar brydiau rhag iddi chwerthin yn uchel. Synhwyrai ei gŵr naws y geiriau wrth ganu, a theimlai rhywun fod cefndir gwylaidd magwrfa wledig yn ei ddangos ei hun. Edrychai fel pe bai ei feddyliau'n ôl yn y wlad.

Roedd y criw o amgylch Miss West yn morio canu'n hwyliog, ond canai hithau, fel arfer, yn hollol ddienaid. Ymddangosai bob amser yn ddrwgdybus wrth wrando ar neges y pulpud. Doedd hi ddim yn credu fod y capel yn lle i ymdrin â gwleidyddiaeth. Cafodd fwy na digon o hwnnw yn nyddiau'r apêl am 'Ia—tros Gymru' a chau'r tafarndai ar y Sul. Ac yn awr yr arfau niwclear 'ma; mae pawb yn neidio ar y *bandwagon* ffasiynol. Y tu ôl iddi roedd Dyfed Morgan, gohebydd gyda phapur dyddiol, oedd wedi hen arfer â phobl o bob math. Darllenai'r emyn yn fwy na'i chanu. Yn ei farn ef, gwendid gweinidogion heddiw oedd colli golwg ar odidowgrwydd rhai o'r hen emynau a dim ond darllen un pennill, a hynny'n ddigon llipa. Syllai ar fathodyn C.N.D. ar sgarff merch ifanc o'i flaen. Doedd o ddim yn gweld fod angen i aelod eglwysig ymuno yn ffurfiol â'r mudiad. Eisteddodd ar ddiwedd yr emyn gyda'i ben yn wylaidd isel; dyn yn gweithio mewn maes mor gystadleuol a beiddgar yn edrych mor fach.

Ymbaratoai Huw Edwards ei hun ar gyfer y darlleniad o'r pulpud. Gŵr o gyrion gogleddol y sir ydoedd, yn gyforiog o ffeithiau am yr hen achosion a'r diwygiad. Roedd ei wraig wrth ei ochr yn Gymraes radlon, ond smaliai yn aml nad oedd ei Chymraeg cystal â'r gŵr er mwyn iddi gael swancio ychydig yn ei Saesneg a theimlo'n berson gwahanol. Swatiai y tu ôl i'w gwydrau mawr a'i chôt ffwr. Nid oedd Carol yn cael blas o gwbl ar y darlleniad a throdd swits yr ymennydd i ffwrdd yr eiliad y dywedodd y Gweinidog . . . 'Daw'r darlleniad y bore 'ma o'r drydedd bennod yn Llyfr y Diarhebion' . . . Rhoddodd hyn gyfle i Carol gofio am neithiwr. Meddyliai am Rob drwy'r darlleniad; ei anwes wrth ddawnsio i gân George Michael yn y 'Night Owl'— y dawnsio araf yn y cysgodion du, ac wedyn . . . Daeth yr ail emyn a chyfle iddi hithau edrych o'i chwmpas a sylwi ar steil gwallt newydd hon-a-hon, neu sgert wych rhywun arall. Pam na châi hi un debyg?

Cododd Llinos gan roi winc i'w phlant wrth iddynt ymaflyd yn y llyfr emynau a'i fyseddu am y rhif cywir. Roedd daioni yn ei llygaid hi a direidi yn eu llygaid hwy. Canent nerth eu pennau, ac yn ystod y weddi dalient eu dwy law at ei gilydd o ddifri. Hawdd oedd gweld Robat Jones wrth y rhodfa ganol yn y cefn yn cytuno â phob darlleniad ac emyn-dôn. Roedd wedi teimlo holl arlliw geiriau'r emynwyr, wedi cael blas ar y fagddu fawr, a'r goleuni a roddodd Crist yn llusern i'w lwybrau. Rhythai ei lygaid tua'r llawr wrth i'w Seimon Pedr o gorffolaeth gytuno â'r geiriau.

Daeth Owain o gwmpas i hel y casgliad yn y cefn,

yr efengyl yn tywynnu o'i wyneb. Yn llygaid
Owain roedd ffagl oesoedd Cred yr un mor ir ac y bu
yn y dechreuad, fel gwên gyntaf yr Atgyfodiad, ac
eto roedd dyfnder hoelen olaf y Croeshoelio yn
perthyn iddo hefyd. Roedd yr ing a'r gorfoledd yn
cyd-gyfarfod ynddo a chofiai brofiadau mawr ei
arddegau pan dderbyniondd Dduw i'w galon.
Daliai'r diniweidrwydd glân, cryf, i wneud pob dim
yn newydd.

Canai Wil emyn y plant nerth ei ben, fel pe bai yn
y clwb rygbi ar nos Sadwrn ar ôl i'r bar gau. Doedd
ganddo ddim math o lais canu, ond byddai'n bwrw
iddi a boddi'r lleisiau melys o'i gwmpas wrth
fwrdro'r dôn. Teimlai fod eisiau ysgwyd ychydig ar
fformalrwydd y lle a dod â thipyn o flas y pridd yno,
neu flas y clwb rygbi, hyd yn oed. Teimlai fod angen
tipyn o gic ar rai o'r hen stejars 'ma, ond . . . a oedd
rhywun yn gwrando?

Byddai diwedd emyn y plant yn drobwynt yn yr
oedfa, yn ddiwedd, megis, ar y gwasanaeth teuluol.
Llifai arian byw y plant i'r Ysgoldy yn y cefn i gael
eu Hysgol Sul, a llithrai byddin o weithwyr selog
allan hefyd i gynnig eu harweiniad i'r meddyliau
bach. Arhosai'r gweddill ar gyfer y bregeth. Y
Gweinidog o'i 'lachar binacl uchel' yn pwyso a
mesur gweddill y ddiadell gymysg o'i flaen—y
patrwm cwilt cymeriadau . . .

Daeth diwedd oedfa arall. Y gynulleidfa yn
loetran-sgwrsio yn y porth a'r maes parcio, a'r
sylwebydd sedd-gefn yn troi am adre a'i ben yn
llawn o argraffiadau byw, ond wedi anghofio'n
barod eiriau'r testun a thri phen y bregeth.

Ymson Darren

Noson dawel i mewn efo'r plant heno. Dyna ga' i heno gan fod Gill wedi mynd efo'i chwaer a'i mam i chwarae Bingo. Hon 'di'r chwaer sy'n normal. Ew, mae 'na straeon y gallwn i eu dweud wrthoch chi. Hogyn tawel ydw i yn licio cadw i mi fy hun.

Dwn i'm ddeudodd Gill am y ddamwain ges i. Mi gerddais i allan i'r ffordd a malu fy nwy goes. Mi ffliais i hyn-a-hyn drwy'r awyr. Ddyle chdi fod wedi clywed y straeon yn y stryd ar ôl hynny—pob math o chwedlau. 'Mod i ar gefn beic, 'mod i 'di rhuthro allan. Ond y gwir oedd, roedd fy meddwl yn *blank* hollol. Doedd 'na ddim byd yno.

Symud fu fy nghamgymeriad mawr. Roedd gen i dŷ yn Acton, wedi'i wneud yn neis y tu mewn ac ar ôl i mi briodi, ddylwn i ddim fod wedi symud i Maes y Dre i dŷ aeth yn wag ar draws y ffordd i fam a tad Gill a'i chwiorydd a'i brawd hi. Ond roedd Gill yn mynnu. Mi fuon ni'n cweryla am y peth ac mi ildiais i.

Gŵr tawel ydw i. Cadw i mi fy hun. Allwn i ddim gwneud efo nhw'n dod i mewn bob munud. Rachel eisiau defnyddio'r ffôn, eisiau menthyg llefrith, eisiau hyn, eisiau'r llall. Weithiau mi fyddai'r teulu i gyd yna, ond do'n i ddim eisiau byw hefo'r teulu—ddim hefo unrhyw deulu—fy un i na'i hun hi. Ond maen nhw'n hurt, y teulu yna, a dw i'n gwybod peth wmbredd amdanyn nhw. Ond alla i ddim deud wrth neb arall.

Dyna'r tad. Dw i'n 'i gofio fo'n siarad efo'r dyndrws-nesa bob bore, yn trin a thrafod yr ardd. Ond roedd o'n ben mawr, rywsut. Pan fu'r hen foi farw, roedd drws-nesa ochr arall wedi amau bnawn Sul fod 'na rywbeth o'i le gan fod llefrith bore Sadwrn heb fynd o'r stepen drws. Fe aeth brawd Gill i mewn drwy'r ffenest dop, ac mi ddaeth y tad i mewn ata i, a phan aethon ni'n dau i fyny staer roedd yr hen foi wedi marw yn erbyn drws y llofft, yn barod i fynd i'w wely neu wrthi'n codi. Mi agoron ni'r drws a'r cwbl a wnaeth tad Gill oedd rhoi ei fys yn ei geg fel hogyn drwg. Sut fath o ddyn sy'n gwneud hynny? Ni'n dau gafodd orchymyn gan y Cownsil i glirio'r tŷ hefyd. Hen ddodrefn oedd ynddo, dim byd o werth. Doedd Sid ddim yn meddwl 'mod i'n ei weld o, ond fe gymrodd o bob ceiniog oedd gan yr hen foi wedi'i guddio dan y carped. Do wir. Pa fath o ddyn fasa'n gwneud hynny? Ac yna, un diwrnod pan o'n i'n Acton, a Gill wedi symud mewn ata i cyn i ni symud, mi yrrodd hi fi i Faes y Dre i nôl Oxo gan ei mam, Nora. Ew, maen nhw'n deulu od! Ac mi rois i'r beic wrth y giât gefn a cherdded i fyny i gyfeiriad cefn y tŷ. Doedd 'na ddim sŵn neb i'w glywed yn unman ac mi'r oeddwn i'n meddwl bod hynny'n od ar ddydd Sul, achos mi fyddan nhw yno o hyd, yr adeg honno. Ac mi es i i mewn i'r sied wrth yr ardd. A 'ti'n gwbod beth oedd Sid yn ei wneud yno? Elli di feddwl? Mi o'dd o'n piso i mewn i dun. Mi chwerth-odd o pan welodd o fi, a thaflu'r cyfan ar hyd yr ardd. Deud ei fod o'n dda ar gyfer llysiau. Ych â fi! Ac yna'n cynnig cabatsen i ni. Gill yn dod i mewn a deud bod Dad wedi gyrru hwn-a-hwn o'r ardd. Digon â gwneud i ti chwydu. Wel sut fath o ddyn ydy o?

Wnes i ddim gyrru ymlaen felly efo mam Gill chwaith, ac mae un o'i chwiorydd hi mor glòs ati hi. *Deadly*. A dydy Rachel ddim yn bopeth y mae pawb yn ei feddwl ychwaith. Mi fuasai hi, a'r teulu i gyd, yn dod drwy'n tŷ ni a'i ddefnyddio fo 'fath â llwybr gan ei fod o'n ffordd gyflym i'r siop. Fy nefnyddio i, ac o'n i'n deud wrth Gill, ond doedd hi ddim yn gwrando arna i. Ac mi'r oeddwn i'n colli 'nhymer yn ofnadwy efo hi. Ers i ni ddod yma dyden ni ddim wedi cweryla unwaith. Mae Gill yn hogan iawn, mi siaradith hi efo pawb.

Ond mi'r oedd ei thad hi'n dechrau deud wrtha i pwy oedd wedi galw yn fy nhŷ i—a nhwthe'n galw unrhyw adeg, ddydd a nos. Doeddwn i ddim yn ei hoffi o; roedd o'n fy ngyrru i'n wallgo. Doeddwn i ddim yn cael meddwl. Doeddwn i ddim yn cael bod yn berson cyflawn.

Roeddwn i wedi cael llond bol ar y cyfan ac mi'r oeddwn i isio dianc; dyna oedd o. Dw i'm yn meddwl mai isio tynnu sylw ataf fi fy hun oeddwn i. Dim ond eisiau dianc rhag y teulu od 'ma. Wedi priodi Gill yr oeddwn i, ac eisiau i'r plant fwynhau. Nid priodi ei theulu hi wnes i. Hi oedd wedi penderfynu symud yno, heb roi dewis i mi—symud ar draws y ffordd i'w mam a'i thad, ac roedd hynny'n brifo. A dyna'r noson pan oeddwn i ar y C.B. Dydw i ddim yn foi sy'n siarad llawer, ond mi'r oeddwn i'n cael sgwrs efo mêt i mi ar y C.B. bob hyn a hyn. Ac roedd gan Sid ar draws y ffordd C.B. hefyd, ac fe ddigwyddodd blygio'i hun i mewn i'n sgwrs ni; honno fu'r ergyd ola. Mi ymyrrodd yn y sgwrs a gofyn pam nad oeddwn i yn y gwely erbyn chwarter i hanner? Wel beth oedd o o'i fusnes o, beth bynnag?

Mi es i'n wallgo, dw i'n meddwl, achos dw i'm yn

38

cofio'r dyddiau wedyn. Roedd fy meddwl i'n *blank*. Ond mi'r oeddwn i isio mynd. Mi neidiais i o'r stafell wely efo rhaff o amgylch fy ngwddw. Dw i'm yn cofio gwneud. A deud y gwir roeddwn i'n hollol feddw. Y peth nesa dw i'n gofio ydy'r ysbyty ddiwrnodiau wedyn a'r boen ofnadwy o amgylch fy ngwddw. Ond ma' hynny i gyd yn y gorffennol rŵan, ac mi benderfynais i symud i lawr i fa'ma, i Bentre Gwyn i ddechre o'r newydd. Ac os nad oedd Gill am ddod efo fi, yna mi'r oeddwn i am fynd fy hun i brofi i mi fy hun fod gen i fy meddwl fy hun, fy mod i'n berson. Ac mi ddaeth hi i'm canlyn i, hi a'r plant. Dangos fod ganddi ffydd yna' i rŵan. A dw i'n hapus.

'Dan ni'n mynd i weld y teulu weithia, ond prin y bydda i'n mynd, ac eto dw i'n cael cerdyn pen blwydd a bob dim gan mam Gill; ond dydy Robert sydd yno bob munud efo chwaer Gill yn cael dim byd. Ew, mae'n anodd eu deall nhw.

Ro'n i'n dechre meddwl 'Pwy sydd o'u co—y fi 'ta nhw?' Dw i'n cofio bod allan efo ffrind da yn cael peint, a dyma fo'n digwydd sôn iddo chwerthin am y tro cynta ers hydoedd wrth weld rhyw ferch yn chwarae sowldiwrs yn y parc—merch yn ei hardd-egau, fel 'tasa hi'n dair oed. Er na wnes i gyfadde iddo fe, chwaer fach Gill oedd hi. Ac yna adeg y Nadolig roedd Gill wedi gofyn am gael mynd allan i'r Oak yn *Holt Road* er mwyn dathlu efo'i theulu. Wel, olreit, meddwn i, dim ond am awr neu ddwy, dyna'r oll. A phan oeddwn i'n mwynhau peint dyma un o'r chwiorydd yn dod ata i a deud ei bod hi'n *lesbian*, a gofyn fuaswn i yn deud wrth eu mam nhw. Dyna i ti Nadolig!

A'r fam—dw i'n cofio mynd ati a deud fod yr heddlu wedi ffonio tŷ ni, a deud fod un o'i merched hi'n gaeth mewn cell wedi iddi gael ei darganfod yn arogli glud y tu ôl i Kwiks. Roedd hi wedi cael rhybudd gan yr heddlu ac roedden nhw'n gofyn a wnâi ei rhieni ddod i'w nôl hi. 'Dw i'm yn mynd' meddai'r fam, a fi aeth. Fi. Fi oedd yn rhedeg. Dydw i ddim rŵan a dw i'n cael mwy o barch.

Noson dawel heno efo'r babi a 'chydig o ganiau. Dw i'n gwbod ei bod hi'n gam i lawr dod i fa'ma yn lle Acton, ond roedd yn rhaid i mi ei wneud o i ddod i 'nabod fy hun eto. Gŵr tawel ydw i, heb arfer â deud llawer wrth neb.

Blodau

'Pam fod angen mwydro efo'r holl flodau 'ma adeg angladd?' Cyffyrddodd y cwestiwn annoeth, ifanc â chalon mam yn sedd flaen y car. Bu'n eu harchebu y diwrnod cynt, i sicrhau eu bod yn barod erbyn wyth y bore dilynol ar gyfer y daith hir drwy'r canoldir i un o gymoedd y de. Caeodd Bryn ei geg wrth syllu ar ei dad yn cludo'r torchau amryliw yn eu cas seloffên, i fŵt y car. Cynrychiolent ganghennau'r teulu yn y gogledd. Ni fedrai beidio â meddwl am gerdd I. D. Hooson: y daffodil wedi ei ddadwreiddio—'ni ddawnsit mwy', ac ni chlywai bibau hud y cerddor cudd ychwaith. Roeddent mor berffaith a phrydferth —pam eu gwastraffu ar ddydd y cysgodion du? Onid mynd i lawr i'r de i ddiolch a chofio am fywyd Modryb Gwenda oedd pwrpas y daith? Bradychai edrychiad Bryn ei deimladau'n llwyr. 'Mae'r blodau'n bwysig i Gwenda,' meddai'r fam gydag argyhoeddiad tawel, a distawodd Bryn i geisio deall geiriau ei fam.

Bu hi a Modryb Gwenda mor glòs, ac er fod pellter rhyngddynt gwyddai fod edrych ymlaen am wythnosau at bob ymweliad o'i heiddo. Meddai'r ddawn i loywi bywyd gyda'i ffraethineb naturiol, ac yn ei thro aeth â llawer o oleuni a phleser i'r tŷ gyferbyn â'r parc cyhoeddus yn Aberdâr. Bu ei ch'neither hefyd yn dod yn ffyddlon ar ei gwyliau i'r gogledd bob blwyddyn am dros ugain mlynedd, a disgwyl mawr amdani bob tro. Deuai i fyny'n ara' deg yn ei char bach, a bob tro, byddai rhywun yn ei chyfarfod tua'r Drenewydd i'w hebrwng yn saff i'r gorlan. Bu'n dreifio ers y tridegau, pan oedd y ffyrdd yn weddol dawel (er na phasiodd unrhyw brawf erioed), a rhaid cyfaddef—heb fod yn rhy angharedig —mai gyrrwr dychrynllyd o wael oedd hi.

Tŷ enfawr, bonheddig, oedd ei chartref yn Park Lane, gyda gŵr a gwraig dawel yn rhentu rhannau o'r cefn. Yno ceid celfi'r canrifoedd a chreiriau cenedlaethau, yn dwt ddigon, yn ystafelloedd blaen y tŷ, ystafelloedd Modryb Gwenda. Popeth o luniau plentyndod a chynt i fwrdd chwarae *bridge*, un o'i hoff ddifyrion, a'r carpedi trwchus. Byd hwyliog a gweddol gyfyngedig a gafodd cyn i'r gwaeledd ei llethu a'i chorlannu. Bu ei thad yn fferyllydd poblogaidd yn Aberdâr ac yn un o bileri'r achos yn y cylch. Bu hithau'n gofalu am y busnes ar ei ôl, ac yn ôl pob hanes, yn gymeradwy iawn yno. Bu'n aelod oes o'r bron yng nghlwb golff Aberdâr a chafodd ei hurddo ymhlith ei swyddogion breint-iedig. Gwyddai'n dda am westai mawr deheudir Lloegr: Bournemouth, Brighton a Bath, a threuliodd wythnosau lawer ar hyd ei hoes yn mwynhau eu moethusrwydd. Ond daeth diwedd ar y crwydro a'r partïon *bridge*.

Deuai gwraig lanhau i mewn yn rheolaidd bron bob dydd tua'r diwedd i ofalu ychydig amdani, ac er iddi bellhau oddi wrth gyrddau'r Hen Dŷ Cwrdd ers rhai blynyddoedd, anfonai siec sylweddol bob blwyddyn hyd y diwedd, i gynnal yr achos. Bu'n ddistaw garedig wrth nifer o bobl yma a thraw; yn freintiedig o ran eiddo ond yn garedig y tu hwnt o ran natur a gweithred.

Y tro ola' y bu mam Bryn yn aros yn Aberdâr, roedd yr hen ysbryd nwyfus, hwyliog a wirionai ar Wimbledon a'r golff ar y teledu, gyda sigarét a

phaned o de wrth wylio, yn dechrau sigo. Diflan-
nodd yr asbri a'r hyder i wynebu bywyd. Efallai fod
symudiad y teulu a rannai gefn y tŷ—ac a fu'n gefn
iddi lawer tro—i Abertawe wedi bod yn un hoelen yn
ei harch. Methodd gael tenantiaid newydd cymwys,
a hwyrach i unigrwydd y tŷ mawr fynd yn faich ar ei
hysbryd. Gorfu iddi hefyd gael triniaeth law-
feddygol yn ysbyty mawr Merthyr, ac er iddi ddod
am gyfnod o wyliau i'r gogledd, roedd y disgleirdeb
wedi cilio a'r pwysau'n amlwg lithro o wythnos i
wythnos. Roedd barrug oer y cancr yn araf ymlid y
cnawd. Pan aeth mam Bryn â hi yn ôl i'w chartref,
mynnodd fynd am dro unwaith eto i'r parc cyhoeddus
ar gyfer y tŷ. Dyma barc meini gorsedd Eisteddfod
Aberdâr 1956; ond nid hynny a'i denai. Mynnai
gael un golwg arall ar flodau'r parc cyn i fam Bryn
droi am adre. Gallai Bryn eu gweld yn ei ddychymyg
yn awr. Y ddwy yn rhodio'n araf, fraich ym mraich,
ar hyd y llwybrau taclus. Gallai weld ei fodryb yn
camu'n ofalus o fregus i bwyntio ei bys at y gwahanol
flodau a'u henwi, a rhyfeddu at eu maint, eu lliw
a'u prydferthwch; yn dotio at y rhai lleiaf oll gyda'u
henfys o liwiau. Yna'n codi ei braich lipa a'i bys i
gyfeiriad llwyn blodeuog gerllaw; yn cynnig geiriau
caredig i'r garddwyr diflino, ac yna cerddai'n ôl,
fraich ym mraich, gan bwyso'n drwm ar ysgwydd ei
fam.

Ar y ffordd i lawr hyd ororau Cymru pendronai
Bryn am ymateb ei fam i'w ddiffyg brwdfrydedd
ynghylch y blodau angladdol, a chofiai i'w fam
gyfeirio at y pleser a'r rhyfeddod a gâi ei fodryb yng
ngwyrth y parc. Teimlai y byddai'n well iddo
gydymffurfio a chau ei geg.

Llithrodd y car yn araf i fyny Park Lane yn
chwilio am lecyn parod i barcio. Roedd yr hers

yno'n barod a'i drysau ôl ar agor, yn distaw ddisgwyl yr arch pan fyddai gwasanaeth y tŷ trosodd. Dadlwytho'r blodau a'r pecyn bwyd yn barchus ddistaw a symud at y tŷ. Wrth ddringo'r grisiau trodd Bryn yn ôl i sylwi ar flodau'r parc drwy'r barrau haearn yn gwenu a siglo'u pennau amryliw tan bwysau tyner yr awel. Syllodd arnynt am foment wrth drothwy'r drws a bron na theimlai eu bod yn ceisio dweud rhywbeth wrtho.

Daeth tad a mam Bryn i mewn i'r ystafell fawr a chwaer Gwenda rhyngddynt, ac eistedd yn y tair sedd wag yn y tu blaen wrth yr arch fud. Daeth rhai ymwelwyr hwyr i'r gwasanaeth teuluol, a chododd Bryn o'i sêt wrth weld golwg ar wyneb ei fam a ddywedai 'Ti 'di'r ieuengaf yma, cod ar dy draed'. O'i safle newydd gallai weld allan drwy'r ffenestr i'r parc trwy amdo gwyn y llenni hanner mast, a'r ddawns flodau gyfareddol yn hoelio sylw ac yn llacio peth ar dyndra'r sefyll. Roeddent fel pe baent yn siarad, yn cyfathrebu ac yn dawnsio eu ffarwél.

Yna symud ymlaen yn barchus araf, yn llinyn du i'r amlosgfa a adeiladwyd ar y tir uchel rhwng Aberdâr a Merthyr; amlosgfa fawr a dau gapel yn perthyn iddi. Gall yr angau du gynaeafu'n drwm yn hen gymoedd diwydiannol y de. Cafwyd y gwasanaeth arferol a theyrnged deilwng i Gwenda, a'r gynulleidfa fawr yn tystio fod iddi le arbennig iawn yng nghalonnau bonedd a gwerin Aberdâr. Tra sychai'r hancesi bowdr llaith llawer o wynebau, gwenai'r torchau blodau dirifedi eu presenoldeb yn y ffarwél olaf, a theimlai Bryn fod ei fam wedi'i deall hi'n iawn.

Wrth groesi Hirwaun, a'r machlud yn loetran tros erwau crwydr y defaid, deallodd Bryn mai dymuniad olaf ei fodryb oedd i'r blodau i gyd fynd i gleifion yr ysbyty mawr ym Merthyr. Cafodd werthfawrogi'r prydferth am y tro olaf, a chofio'n annwyl am ei phobl.

Ni fu llawer o sgwrsio ar y ffordd adre; bu'n ddiwrnod hir a blinedig. Ond rywle ar y daith, meddai Bryn yn dawel . . . 'Roedd llawer o flodau, Mam.'

'Oedd,' meddai hithau. 'Roedd dy fodryb wrth ei bodd.'

'Una Paloma Blanca'

Roeddwn wedi amau'r noson cyn cychwyn. Ynghanol Rimini yn yr Eidal roeddwn wedi taro fy enw ar restr i fynd i glwb dawnsio efo'r criw o'r gwesty. Gan i mi eisoes eu clywed yn sôn am ryw *English* ac *Irish* hwn a'r llall, teimlais innau y dylwn bwysleisio f'arwahanrwydd. Wedi cyrraedd y bws ar rodfa'r môr deallais mai pum cwpwl yn unig, ynghyd â'm ffrind a minnau, oedd am fentro.

Teithiasom hyd filltiroedd o sbloet goleuadau trydan a gwestai drudfawr yr Adriatig i gyrraedd y clwb, ac fe'n harweiniwyd gan Daniela, Eidales hyfryd, drwy'r dyrfa fel petaem yn sêr o'r byd ffilmiau, yn syth i seddau yn union o flaen y llwyfan. Dechreuodd y band chwarae yn y cefndir a chyn hir daeth y siampên yn rhad ac am ddim i holl ddeiliaid y bwrdd, a chafwyd cryn hwyl yn popian y poteli. Nid oedd tyndra o fath yn y byd o gylch y bwrdd; roedd rhyw niwtraliaeth yn cymylu cefndir pob un ohonom. Bod efo'n gilydd oedd yn bwysig yn y cilcyn o gilfach yma mewn clwb ar strêts yr Adriatig. Byddai goleuadau Blackpool yn eu llawnder yn fodel annigonol i gyfleu ymestyniad Rimini a deuai seiniau Eidalaidd y band i lenwi'r lle dawnsio.

Y pâr amlycaf o gylch ein bwrdd oedd yr un o Lerpwl; pâr o gefndir gweithiol, a'r wraig efo gwallt platinwm golau tebyg i Diana Dors, ond ei fod yn gwta. Meddai ar ddawn y Sgows i fedru rheoli unrhyw sefyllfa mewn gair ac ystum. Hi oedd yr un

46

a alwyd ar y llawr gan y cyflwynydd; hi oedd yr un a
enillodd y raffl a hi a ddechreuodd ddawnsio gan fy
nhywys innau hefyd allan i'r llawr. Hi oedd y laff
efo ffag yn ei cheg a'r siampên wrth ei hochr.
Byrlymai. Hi oedd *belle* y bws hefyd; roedd wedi
trefnu hynny cyn ymryddhau o belydrau ei lamp
haul, ac o berfeddion ei thylwyth yn Lerpwl. Roedd
iddi linellau bachog ac anfarwol o emffatig ynglŷn â
dadrith ei gwyliau cyntaf yn Benidorm. Deuai hyn
yn gyfeiliant i bob pryd. Dechreuai unrhyw ddat-
ganiad o bwys efo'r gystrawen '*But look 'ere, any
road*'. Hi oedd yr unig un a gysgai ar draws ei gŵr ar
y bws, a'i choesau brown-cyn-dod-i'r-Eidal 'run
fath â dwy anaconda fawr yn bygwth ei dagu, a thro
arall yn sticio allan i'r llwybr i lawr canol y bws. Hi
cyn diwedd yr wythnos fyddai'n dychwelyd o
dalaith annibynnol San Marino mewn pendro o fŵs
di-dreth yn datgan yn syfrdanol i'r byd '*I've blown
the lot*', gan agor ei phwrs gwag i'r cynulliad ceg-
agored. Roedd ei gŵr wrth ei hochr fel ci bach, ac yn
gymeriad hollol wahanol. Sgowsyn ydoedd, a
gadawai i frwdfrydedd ei wraig siarad drosto fo
hefyd tra llowciai ei ddiod yn ddisgwylgar. Roedd y
ddau yn amlwg yn eu mwynhau eu hunain, a'r
noson yn y clwb yn ddim ond un ymhlith blyn-
yddoedd o glybio gartref. Efo braich ei gŵr amdani,
edrychai'n bell, a diau eu bod yn ôl yng nghlybiau
eu hieuenctid. Pan chwaraewyd casgliad o ganeuon
y Beatles trodd y dyn tawel yn gawr, yn taranu'r
hen ffefrynnau a'i wraig am unwaith yn y cysgodion.
Serennai'r direidi yn ei wyneb wrth ddweud wrthyf
fod yna ddigon o ferched Eidalaidd digymar o'm
cwmpas, fel rhosod yn barod i'w dethol. Erbyn hyn
roedd y gŵr yn ddyn arall, y ddiod yn siarad drosto
ac yntau gymaint â hithau'n mwynhau gwneud y

conga o gylch yr oriel. Cyd-ymunent yn y gân a chadw oed â ddoe. Roedd eu cariad a'u cyd-ddibynnu yr un mor fytholwyrdd ar ôl blynyddoedd maith o glybio.

Roedd pâr arall o Stockport. Albanwr oedd y gŵr o ardal Glasgow ac ymfalchïai yn ei dras. Dyn annwyl heb fawr o hunan-hyder yn byw bob dydd ar lefel nad ystyriai'n rhy fflamychol nac yn rhy syrffedus. Edrychai arnoch mewn rhyw ffordd bell, anniddorol. Rhoddai ei wraig o Stockport dipyn o sbeis i'w huniad, ac er nad oeddent mor orchestol yn eu perfformiadau a'u hymroddiad ar y llawr dawnsio â'r Sgowsiaid, roedden nhw yno. Golygai dipyn o ymdrech i'r gŵr tawel, unionsyth hwn fynd â'i wraig ar y llawr, ond mynd wnaethon nhw. Roedd mab iddynt ar y gwyliau hefyd a hawdd gweld eu bod yno i raddau er ei fwyn ef. Er nad oedd allan yn y clwb, roedd yn debyg i'w dad, yn weithiwr dygn iawn, ond eto'n mynnu ei fod yn greadur anniddorol, bob cyfle a gâi, ac yn gwneud datganiadau a ddangosai rhyw ddiffyg parch ato fo'i hun. *Mynnai* ei iselhau ei hun bob gafael. Dywedodd wrthyf gydag ansensitifrwydd rhaglen gyfrifiadur iddo weithio gormod yn ddiweddar ac mai dyna pam y daethai ar wyliau. Byddai'n trin hen geir a'u hadnewyddu gyda'r nosau yn ychwan-egol at waith beunyddiol mewn swyddfa. Dywedodd iddo dreulio sawl diwrnod yn gweithio o hanner awr wedi saith y bore tan ddau y bore canlynol. Aeth y cyfan yn drech nag ef, ac yntau wrth weld ffrind yn y gwaith yn dioddef oherwydd iselder yn penderfynu nad oedd pwynt poeni'n ormodol am bethau'r llawr; mi fyddent yma ar ein holau prun bynnag. Biti na fuasai yntau, yn ei aflonyddwch annwyl, wedi mentro i'r clwb nos heno. Pan fu

Stephen ar ddibyn y 'brêc-down', ysgytwyd yr holl deulu, ond tawelodd pethau pan welodd y rheini ei fod bellach yn derbyn fod mwy i fywyd na gwaith. Pan aeth y ddau allan ar gyfer y caneuon serch Eidalaidd tua'r diwedd, a'r goleuadau i lawr, gafaelent yn ei gilydd gyda'r fath anwyldeb fel y medrwn synhwyro'u cyffyrddiad trwy dywyllwch y dyrfa.

Roedd y ddau o Lundain yn rhai reit naturiol, y gŵr yn un o'r brid a aned o fewn clyw clychau Bow, ac ym mhellafoedd daear doedd dim amharu ar y Cocni hwn. Cymerodd ataf yn syth am fod ganddo fêt yn y fyddin adeg y rhyfel o Ferthyr. Heb weld Taffy Jones ers hynny, ar wahân i gerdyn 'Dolig bob blwyddyn fel clocwyrc yn dyst i'r ffyddlondeb a fu. Roedd sôn am Taff yn achosi i ddeigryn darddu o dro i dro, a deuai fflach annisgwyl dro arall i loywi'r llygaid oedd yn dechrau melynu ar y cyrion. Am wythnos, y fi oedd Taffy Jones, a thros gyfnod y gwyliau mabwysiadodd fi fel eilydd am y bartner-iaeth a fu. Dangosodd yr un cynhesrwydd a'r un teyrngarwch ataf innau am fod Cymro unwaith wedi bod yn driw iddo fo. Roedd ei wraig, hithau, yn dipyn o gês, yn ymfalchïo nad oedd yn rhy wybodus ac yn mwynhau bywyd efo'i gŵr. Buont yn y clwb nos union bymtheg mlynedd yn ôl i'r wythnos, a'r gwyliau yn ailgynnau eu doe.

Deuai'r ddau a eisteddai ar fy chwith o Warrington, y gŵr yn dweud ychydig a hithau'n dweud llai fyth. Roedd ganddi hi wyneb merch fach, unig blentyn o angel efo llygaid fel llo. Cyn dweud rhywbeth, rhoddai bwniad i chi efo ochr ei llaw i ragflaenu rhyw ddatganiad syfrdanol. Teimlai'n rhy hen i ddawnsio ond hoffai Al Martino yn canu *Spanish Eyes* ac roedd Perry Como yn fytholwyrdd. Meddai

49

ei gŵr ar garreg o wyneb a siaradai â llais llyffantlyd isel ysmygwr trwm; roedd yn reit debyg wir i giangster. Pan gyrhaeddodd y bws yn ôl i Lundain datganodd: *'I see London Bridge is still standing'*, bron fel pe bai wedi cynllunio i gael gwared â hi tra oedd yntau i ffwrdd. Byddai wedi gwneud partner lleisiol gwych i Al Capone yn ffilmiau Chicago'r tridegau. Ar y noson gynta fel hon, roedd o'n gyndyn i ddweud llawer ond roedd edrych ar ei wyneb yn ddigon i wangalonni'r dewraf rhag camu ar y llawr dawnsio. Fel y rhyddhawyd y tafodau daeth llawer o boen a gofid o enau'r ddynes dawel. Digwyddais innau ofyn iddi a oedd ganddynt blant. Oedd. Un. Wedi priodi ond bellach wedi ysgaru. Dau o blant bach. Sobor. Y mab yn cael y plant ar y penwythnosau, a'r fam am weddill yr amser. Ond doedd hi ddim yn edrych ar eu hôl; gwariai'r pres ar wyliau i'w thad yn Sbaen. Sylwais fod y giangster yn ysgwyd ei ben ynghylch yr holl fater fel pe bai ymdrech i ladrata o'r banc wedi methu. Y mab wedi gwrthod dod ar wyliau efo'i rieni; roedd hi'n well ganddo aros gartref yn y tŷ teras na wynebu pobl. Poenai'r ddynes sensitif wrth f'ochr amdano. Bu'r ysgariad yn gyfan gwbl y tu allan i'w deall—bron nad oedd wedi digwydd iddi hi. Doedd y bobl yr oedd hi wedi arfer â nhw ddim yn gwneud pethau fel hyn. A dweud y gwir, doedd Maureen ddim yn ddewis doeth i'w mab. Ceisiodd ei ddarbwyllo— ond hoffai'r wyres fach a ddeuai ati ar y Sul a'i galw'n *Granma* a gofyn pam na châi aros efo Dadi am fwy o amser. Daeth hyn i gyd i'r wyneb yn gatharsis angenrheidiol. Ac wedi chwydu ei gwae teimlai'n well a newidiodd ei phersonoliaeth, ac allan â hi ar y llawr dawnsio. Ond rhywle, ynghanol holl giamocs y conga, gwelais edrychiad pur bell ganddi. Ysgwn i a oedd hi'n gwrando am Joanne yn galw *Granma*?

Gwyddelod oedd y pâr arall—o Ddulyn ei hun, a newydd briodi ar y dydd Gwener cyn hedfan i'r wlad bell, ac yn dal i ddal dwylo. Roedd i Saesneg y gŵr acen mor Wyddelig fel nad oedd yn hawdd deall dim. Roedd yn fach o gorff, bron fel y tylwyth teg, gwallt du fel y frân a chlamp o drwyn mawr miniog fel pig aderyn. Ymfalchïai'r ddau fy mod yn ystyried fy hun yn Gymro yn hytrach na Phrydein-iwr, ac er iddynt ofni ymateb y Saeson ar y dechrau, roeddent yn lwcus i fod mewn cwmni nad oedd yn deall ystyr y gair 'drwgdybiaeth'. Nodweddai gwên swil-felys y Wyddeles ysbryd y cynulliad. Llwydd-odd pawb i gadw'n unedau cynrychioladol yn hytrach na llechu y tu ôl i faner unffurf *'Knees Up Mother Brown'* Prydeinig. Ac roedd rhywbeth yn deimladol iawn yn y ffordd y goleuwyd y can-hwyllau bychain er mwyn i bawb ganu *'Auld Lang Syne'* law yn llaw. Yna fe ganodd y Gwyddel y geiriau o gist lwch rhosyn y lluoedd arfog gynt—cân Vera Lynn: *'There'll be love and laughter/ and peace ever after/Tomorrow, just you wait and see'*.

Am ddeuddeg *'Auld Lang Syne'* roedd cariad yn un rhuban cysylltiol o gylch y byrddau a'i wres yn trydanu trwy gyffyrddiadau dwylo ein gilydd, a minnau rhwng Mrs Lerpwl a ffan penna Perry Como. Roedd pawb o ddifri yn yr 'U' bedol o gysylltiad. Yma ar dir niwtral, lle nad oedd disgwyl i bawb gydymffurfio'n Deyrnas Unedig, roedd yr undod ar waith yn reddfol a naturiol. Ac roedd hi'n braf cael dawnsio'n nwyfus i'r miwsig niwtral,

'Una Paloma Blanca' heb feddwl fod safiad yn gwegian wrth wneud hynny. Roedd clywed hen ganeuon y siartiau yn y goleuni newydd yma yn hudol, yn gyffrous hyd yn oed. Y fi oedd y golomen wen na ellid dwyn ei rhyddid oddi arni.

Cyrraedd y Nodyn

Yn y Gilgant dawel ar y stad gownsil, prin y disgwyliech gyfarfod un a fu yn yr 'Ardd'. Doedd y rhes wantan o *prefabs* a fwriadwyd dros dro ddim yn lleoliad i un a fu'n gynefin â gwisgoedd a cholur Covent Garden.

Roedd gohebydd o'r papur lleol yn dod i holi Gwyn am ei yrfa gerddorol, am ei flynyddoedd yn yr 'Ardd', ac am y ffaith iddo ddal ati i ganu tan yn ddiweddar iawn. Canai mewn cyngherddau—cerddoriaeth glasurol ac oratorio mewn llais bariton swynol, ond hefyd serennai yn y Clwb Snwcer oedd o fewn tafliad carreg i'r tŷ lle y cafodd loches gan Mrs Roberts, gwraig oedd yn ei ddeall. Un o'r ychydig a driodd erioed. Hen wraig a gymerodd hen rebel o dan ei hadain ydoedd Agnes. Anaml y seiniai Gwyn gân yn y Clwb, dim ond adeg y Nadolig neu'r Pasg, neu Ŵyl Ddewi i atgoffa'r diawled eu bod yng Nghymru. Ond roedd amser a lle i bopeth. Bu'n ymbalfalu drwy'r bore mewn hen ddroriau am y tâp. Y tâp. Bu Mrs Roberts ar ei gliniau'n boenus hefyd.

'Dw i 'di dod o hyd iddo fo, Agnes. Dyma fo.' Ac wedi'r holl stryffaglu eisteddodd yn swrth yn chwysu'n llif. Methodd fwyta cinio, a disgwyliodd am gloch y drws fel pe bai'r cyfweliad hwn y mwyaf tyngedfennol yn ei fywyd. Diawch, dim ond rhyw ferch ifanc yn ei chlytiau o'r papur lleol oedd yn dod. Ar un adeg fe fu'n delio efo rhai o oreuon Stryd y Fflyd pan oedd o yn yr 'Ardd' ac yn 'nabod Syr

53

Geraint! Roedden nhw, breswylwyr yr Ardd, ymhell iawn i ffwrdd yn awr. Clywodd gyffro y tu ôl i'r llenni melynwyn a guddiai oleuni unlliw'r stryd. Dododd ei sbectol ddu ar ei drwyn.

Dyma un o storïau cyntaf Carys Puw ar bapur y ffin. Cafodd orchymyn gan y Golygydd i fynd i holi ei hen athro canu, a daeth yntau â llun ohono'n llond ei groen i'r swyddfa, a record o'i ddawn er mwyn iddi gael cefndir. Fel y mwyafrif o bobl y ffin, nid o'r ardal honno yr hanent, ill dau, ond o'r lle hwnnw dros y bryniau lle'r oedden nhw'n *proper Welsh*, chwedl aelodau'r Clwb. Ymhob cyngerdd ceisiai Gwyn ganu 'Dafydd y Garreg Wen' i'w atgoffa o'i wreiddiau, o'i berthyn ymhell. Anghofiai o byth, ac yno y dymunai i'w lwch gael ei wasgaru. Ger y Garreg Wen.

Roedd y drws yn gil-agored ond fe ganodd Carys y gloch. Fe ymlwybrodd Gwyn ato wedi hen rihyrsio'i eiriau 'O mae o'n 'gored. Dewch i mewn.' Yn gwybod y leins, fel yn yr 'Ardd'. Bradychai wyneb Carys y sioc a gafodd pan welodd y gŵr tenau, melyn ei wyneb, chwyslyd yr olwg efo sbectol ddu i guddio gwelwder y llygaid. Doedd o ddim byd tebyg i'w lun ar y record, na'i lun gosgeiddig ar raglen y cyngerdd, rai blynyddoedd yn ôl.

'Dowch i mewn. Paned?' ac fe ferwodd y tegell mewn amrantiad. Cuddiodd Mrs Roberts yn y cefndir.

Soniwyd am y pethau arferol: y cysylltiad efo'r Golygydd, cefndir y Garreg Wen, dylanwadau'r 'Ardd'. Ond soniwyd dim am y presennol. Byddai hynny'n greulon rywsut.

'Ac yn fan hyn dw i'n mynd i lawr i'r Clwb at y trŵps. Ddim llawer o Gymry yno, ond ma'n nhw'n bobl iawn. Fydda i'n cael rhyw goffi efo nhw—weithia, rhywbeth cryfach,' a syllu'n gyforiog awgrymog, a gwenu'n chwareus drasig o du ôl i'r gwydrau duon, gan ddangos y dannedd melyn. Gwên ddireolaeth oedd hi, ac yn amlwg doedd Carys fawr o yfwraig neu fe fuasai wedi deall.

'Mae Mrs Roberts yn edrych ar f'ôl i. A dw i isio i chi wrando ar y tâp 'ma. Mae o'n un reit ddiweddar, adeg Gŵyl Ddewi yn y Ganolfan Hamdden efo'r corau meibion lleol i gyd. Ond ar hwn dw i'n canu'r ''Dymhestl'' efo'r tirioni bendigedig ar y diwedd. Gwrandwch—dw i'n cyrraedd y top ''G''.'

Ac wedi gosod y tâp i redeg ar y casét bach llychlyd, suddodd Gwyn yn flinedig i siâp y sedd, gydag arlliw o hen ogoniant yn sbecian o'r tu ôl i'r gwydrau du, ac yntau'n ailfeimio'r geiriau'n boenus, chwyslyd. Gwrandawyd yn astud ar y tâp. Anghofiodd Carys yn llwyr lle'r oedd hi. Suddodd pob cyfarthiad ci neu waedd plentyn ar ei wyliau haf o'r stryd, ymhell i'r cefndir.

Fel ei fywyd tymhestlog wedi'r 'Ardd' clywyd y chwyddo a'r tirioni ar ei lais, ac yna'r diweddglo i goroni pob diweddglo. Daeth yn fyw unwaith eto yn yr ystafell gartrefol a oedd yn rhyw fath o ganllaw iddo mewn byd a'i brifodd i'r byw.

Wythnos yn ddiweddarach roedd Carys yn teipio teyrnged iddo yn dilyn ei angladd ger y Garreg Wen. A theimlai hithau'n falch wrth deipio iddo gyrraedd y nodyn, jest mewn pryd.

Gwahoddiad

Roedd hi'n noson pan fyddai rhywbeth yn digwydd; roedd rhywbeth yn yr awyr yn argoeli'n ddisglair.

Dan y gawod boeth yn y gwesty roedd Ann, yn ceisio cynhesu rywfaint ar ei chnawd cyn nos a'i phryd o fwyd allan. Roedd ei gŵr wedi bod mor brysur yn trefnu'r daith wyliau, fel yr oedd yn rhaid i rywbeth gael ei esgeuluso. A heno am un o'r troeon cyntaf yn eu tair blynedd o briodas fe deimlai Ann ei bod hi'n cael ei hesgeuluso. Roedd ei waith beunyddiol yntau wedi mynd yn llawer caletach, llawer mwy o bwysau gwaith yn y Swyddfa ac roedd hithau mor brysur yn gweithio hefyd, nes ei bod hi'n ysu am ychydig o amser efo'i gilydd i ailgynnau'r fflam rhyngddynt. Roedd y tân yn dal yno, dim ond fod gwynt oer amgylchiadau wedi chwythu'n go eger yn ddiweddar. Byseddai hi ei hun dan y gawod boeth gan afael amdani ei hun o amgylch ei gwddw, hyd ei hysgwyddau, fel dawns hen gariad. Yna diffoddodd y tapiau dŵr a daeth yn ôl i'r byd oer digysur.

Paratoai Mike y gegin yn y bwyty. Hon oedd ei brif diriogaeth heno, gan mai Hans fyddai'n wynebu'r dorf. Weithiau byddai gweinyddu un o fwytai enwocaf Amsterdam yn broblem. Doedd y lle ddim yn fawr ond roedd o'n enwog am ei fwyd, ac âi pethau'n eu blaenau'n esmwythach fyth pan fyddai'r Bòs ymhell. Weithiau byddai'r Bòs yn aros yno, yn gwneud dim i helpu, dim ond i wneud yn siŵr fod Mike a Hans yn gweithio hynny fedrent. Heno, diolch byth doedd o ddim o gwmpas a ddim yn debygol o ddod yn ôl. Ymlaciodd Mike yn y gegin, a throi a throi fel yr arferai ei wneud pan oedd o'n ddawnsiwr.

Penderfynodd Arwel beidio â chael cawod y noson honno. Er iddo fod yn ddiwrnod prysur o deithio i Volendam i weld ffair flodau a lle gwneud clocsiau, doedd o ddim am drefnu'r noson. Roedd rhywun yn medru ei ddrysu'i hun drwy fod yn rhy drefnus. Doedd o'n beth rhyfedd fel yr oedd rhywun yn derbyn, ac yn wir yn disgwyl y symbolau cydnabyddedig mewn gwlad arall—y caws, y clocsiau, y melinau gwynt a'r gwisgoedd yn Urk a Volendam. Ond petaen ni gartre, wfftio fuasen ni at wraig mewn gwisg Gymreig yn cerdded i lawr y ffordd. Sgubodd y meddyliau o'i ben gan edrych yn ofalus ar y glocsen o grochenwaith Delfft a brynodd, a'r clocsiau bach efo *Holland* arnynt a roddai i blant roedd o'n eu 'nabod. 'Mond rhywbeth bach. A chan ddisgwyl galwad o rywle gorweddodd yn ôl ar ei wely a throi'r radio ymlaen i glywed gwasanaeth radio'r gwesty yn chwarae record Tom Jones. Mam bach, roedd o wedi dod i ddianc rhag hwnnw. Pam na chwaraeen nhw dipyn o gerddoriaeth draddodiadol yr Iseldiroedd?

Wrthi'n glanhau ei ddannedd yr oedd Hans pan ddaeth galwad gan Mike fod y cwsmeriaid cyntaf yn cyrraedd. Poerodd i'r fowlen, gwenodd ei wên un ar hugain oed i'r gwydr yn llawn hyder a rhoi'i fysedd drwy'i wallt golau. Doedd o ddim mor daclus â gwallt Mike, nagoedd, ond dyna fo, nid hogan trin gwallt oedd ei gariad o, a dim ond ar y penwythnosau roedd o'n ei gweld hi rŵan ei bod hi wedi mynd yn ôl i'r Coleg. Doedd hi ddim yn gallu dioddef gweithio yn y ffatri stwffio cywion. A phwy allai ei beio hi? Doedd o ddim yn disgwyl iddi fod yno'n paratoi bwyd iddo fo. Aeth drwy'r rhaffau addurnedig a chamu i oleuni pŵl ond digonol y tŷ bwyta, a'i osgo'n hyderus.

Canodd y ffôn yn stafell Arwel gan wneud iddo neidio rywfaint. Doedd y ffôn ddim wedi canu o'r blaen ac fe'i cododd gan brysur fyseddu storfa'i gof, a dyfalu pwy allai fod yno.

''Allo,' meddai llais efo acen Ffrengig, gan ei atgoffa o'r trip efo'i gyfeillion y flwyddyn cynt i Baris. Eifion, y trefnydd oedd yno'r pen arall.

'Be 'ti am wneud am fwyd heno 'ma?'

'Ew, dw i'm 'di meddwl, a deud y gwir. Dw i'n hawdd 'y mhlesio a hithau'n noson olaf heno 'ma.'

'Mae Ann awydd pryd llysieuol yn rhywle ac mae 'na griw o'r bỳs am ddod efo ni.'

'Grêt. Ia. Falle y cymra i bryd llysieuol heno i gadw cwmni i Ann.'

'Ia, dyna ti. Iawn. Saith o'r gloch wrth y fynedfa, felly?'

'Ia, iawn. Diolch i ti am feddwl.'

Rhai da oedd Ann ac Eifion, teyrngar a thriw bob amser, ac yntau Arwel mor annibynnol. Mae'n siŵr eu bod nhw'n 'sidro pam, weithiau. Oedd 'na reswm? Ond doedden nhw byth yn gofyn. Chwarae teg iddyn nhw, byth bythoedd yn gofyn, dim ond ei dderbyn o fel person oedd yn anadlu a theimlo a bodoli fel hwythau. Roedd o mor falch o'u cwmni, a sioncodd drwyddo wrth wrando ar ryw gân Ffrengig erbyn hyn ar rwydwaith radio'r gwesty.

'Ça va?' 'Oui, ça va, . . .'

Agorodd drws y *Steak House* ac ni sylwodd neb lawer ar Mike yn tywys y pedwar i fwrdd mewn cilfach. Roedd y pedwar yn rhy brysur yn sylwi ar gynifer o'u cyd-deithwyr oedd wedi dod yno i fwyta, ac yn eu cyfarch fel petaent heb eu gweld ers oes. Petai yna un gadair arall wrth fwrdd y criw mwyaf byddai Mike wedi eu tywys at y ffenest; gellid bod wedi symud cadair arall yno'n ddigon rhwydd, ond yn lle hynny dewisodd eu tywys at le oedd ar wahân ryw ychydig, a galwodd ar Hans.

Eisteddodd Eifion, Ann, Arwel a Dyfrig, un arall oddi ar y bws, yn bedwarawd digon rhadlon. Dyfrig a dynnai luniau pawb ymhobman. Bu wrthi'n dal holl ddeiliaid y bws mewn amrywiol fannau—ynghwsg neu'n stryffaglu efo'u coffi, neu yn eu hystum arferol. Dyna'r lluniau a hoffai, rhai naturiol, a diau y byddai'n cael un neu ddau'n ychwanegol y noson honno. Gallai fod wedi dal Ann yn cynhyrfu pan welodd nad oedd yna ddarpariaeth iawn ar gyfer llysieuwyr ar y Fwydlen. Teimlai Arwel hefyd na allai wynebu'r holl gig y byddai'n rhaid ymgodymu ag o efo'r *Grill* oedd yn arbennig o rad y noson honno. Ond herio a wnaeth Eifion:

'Be 'ti'n ddisgwyl mewn *Steak House*, Ann?'

Roedd ganddi ateb parod iddo, 'Mi ddylen nhw gael *rhywbeth*. Maen nhw'n ein trin ni'n od yn y llefydd byta 'ma fel tasen ni'n rhyw bethau rhyfedd. Dw i'n mynd i ofyn iddo pan ddaw o.'

Hans ddaeth at y bwrdd mewn dull ymfflam-ychol iawn, a'i Saesneg rhagorol, i wynebu cwestiynau pendant gan Ann:

'Oes ganddoch chi rywbeth arbennig i lysieu-wyr?'

'Wel, wrth gwrs . . . yn y *Menu*.'

'Dydy o ddim i lawr.'

'Gadewch i ni weld . . . dw i'n siŵr ei fod o. Byseddodd Hans yn gwbl hyderus drwy'r dalennau

59

plastig addurnedig newydd. Doedd o ddim yno, ond wnaeth o ddim cyfaddef.

'*But we have a Menu for Vegetarians. Please wait a minute.*'

Diflannodd i'r cefn.

'Dyna ti, 'ti'n gweld . . . heb feddwl amdanom ni o gwbl.' Erbyn hyn roedd Arwel wedi penderfynu cael yr un peth ag Ann, ac edmygai ei dewrder.

Dychwelodd Hans o'r cefn i ddweud mai *soufflé* gaws neu *omlette* oedd y dewis.

'Iawn, diolch,' meddai Ann a dewisodd y *soufflé* gaws yn foneddigaidd iawn.

'A finne, plîs,' meddai Arwel.

Ni allai Hans gredu bron. Gwelodd Arwel ei lygaid yn soseru; dyna ddwy ddraenen yn ystlys arferol y tŷ bwyta heno. Ond wedi i Ann ymddiheuro am yr helynt cyfaddefodd, 'Na, mae'n rhaid i chi fwyta'r hyn 'dech chi isio'i fwyta,' a chytunodd pawb. Ordro'r *Grill* arbennig a wnaeth Dyfrig ac Eifion. Roedd Hans wedi hen arfer cofnodi hynny, a diflannodd yn sydyn i'r cefn i roi ei ordor i Mike. Byddai Hans yn cofio'r ddau yma heno, a gwelodd Mike yn cynhyrfu y tu ôl i'r llenni ac yn gobeithio y byddai'r *soufflé* gaws yn dderbyniol. Hwn oedd y tro cyntaf ers tua tri mis i rywun ordro pryd llys-ieuol. Dau yr un noson, dau ar yr un bwrdd, dau gymeriad, meddyliodd. Roedd ei lygaid dwys fel dau lyn llonydd yn adlewyrchu'r pethau o'u cwmpas a disgleirdeb a hiraeth am ddawns y gorffennol.

Oherwydd bod y goleuadau'n weddol isel ychydig iawn o edrych o gwmpas a wnaeth pawb, dim ond bwyta'u prydau'n bur fodlon, y bwytawyr cig wrth eu bodd efo llond plât, ond y llysieuwyr a'u *soufflé* yn poeni ei bod hi wedi mynd yn fflat yn rhywle. Lle

60

i sylwi ar bobl yn hytrach nag ar y lle ei hun oedd y bwyty, ac ni ellid poeni'n ormodol am y bwyd chwaith, gan ei fod o'n dderbyniol iawn. Deuai Hans yn ei ruthr arferol bob hyn a hyn i ofyn a oedd popeth yn iawn. Ann ac Arwel a atebai gan amlaf a diflannai Hans yn ei frwdfrydedd mor gyflym ac yr ymddangosai.

Eifion benderfynodd fod y criw am aros i gael diod, gan fod yna un neu ddau rownd y gornel wedi dechrau dweud eu straeon, a byddai un yn iodlan cyn diwedd y noson. Ac roedd y diodydd yn rhatach nag yn y gwesty, a'u harchebu'n ddidrafferth, gan mai dim ond criw bws y Cymry oedd yno. Aeth Eifion at y bar ac ordro ryw siortyn Siapaneaidd efo cneuen goffi yn y canol. Yna rhoed y cyfan ar dân a dechreuai'r coffi feddalu'n rhan o'r ddiod. Wrth wylio hyn eisteddodd Ann ac Arwel yn reddfol rywsut ar ben y bar, a chwarddodd Arwel yn fewnol wrth feddwl tybed a fuasai'n meiddio gwneud hyn yn ôl gartre? Edrychai fel diotwr profiadol. Pan ofynnwyd i'r ddau beth hoffent i'w yfed, atebion digon di-liw a gafwyd o ddarllen llygaid llonydd Mike—'7 *UP*, os gwelwch yn dda' a 'Sudd oren' meddai Arwel.

'Dim ond un o garton sydd gennym ni.' Synnwyd Arwel gan onestrwydd Hans y tu ôl i'r bar y tro hwn 'nid oren wedi'i falu.'

'O, mae'n iawn.'

Daethai'r prydau a'r gweini i gyd i ben ac roedd y ddau weinyddwr wrth y bar—un yn paratoi'r diodydd, a'r llall yn cael hoe fach wrth ben y bar ac Ann ac Arwel yn dechrau eu holi. Hans oedd yno gyntaf, a'i naturioldeb a'i ddull uniongyrchol yn syfrdanol i ddechrau.

'Dw i'n caru'r iaith Saesneg,' meddai. 'Ac yn falch o bob cyfle i'w hymarfer hi yma efo'r cwsmeriaid.'

'Beth am eich iaith eich hun?' meddai Arwel, bron yn reddfol. 'Beth am iaith yr Iseldiroedd?'

'Dw i'n casáu'r iaith yna.'

'Casáu eich hiaith eich hun. Siawns?' a gwên a phwniad i Ann.

'Pam?' meddai hi.

'Os ydech chi isio dweud wrth eich cariad yn Saesneg *"I Love You"*, mae o'n swnio mor neis o'i gymharu â'n hiaith ni.'

'Ia, ond dw i'n siŵr y gallech chi wneud i hwnnw swnio'n fwy rhamantus. "Dw i'n dy garu di" ydy o yn y Gymraeg.'

'Mae hwnnw'n swnio'n gras hefyd.'

'Hei, peidiwch chi â dechrau. Mi wnaeth un *waiter* yn Fryslân ddweud ein bod ni'n siarad *"A horrible language"*.' Gwenodd Hans ryw fath o gymod. Roedd Mike yn brysur yn gweini ar y lleill.

'Mi fuon ni yn Urk ddoe ac yn Volendam heddiw yn gweld pobl yn eu gwisg draddodiadol,' meddai Ann.

'Ydech chi'n hoffi'r gwisgoedd?' gofynnodd Arwel, yn gyhuddgar bron.

'Dw i'n casáu'r gwisgoedd. Maen nhw mor ffals. Does 'na neb yn *Holland* yn gwisgo clocsie, ac ma'r rheina yn Urk yn 'u gwisgo nhw er mwyn y bobl ddiarth. Taswn i'n mynd allan wedi gwisgo felly, mi fuasai pobl y strydoedd yn chwerthin am fy mhen i, neu mi fyddai rhyw ddynion gwirion yn chwislo arna i o bob cwr.'

'Am wn i ei bod hi'r un fath yng Nghymru,' meddai Ann, ac eto ni allai Arwel ddeall y fath agwedd at famwlad.

'Maen nhw'n byw yn y gorffennol. Mae'n rhaid i *Holland* edrych ymlaen i'r dyfodol. Mae na lot o *Hi-Tech* yma, ond does neb yn sôn am hynny. Dim ond am glocsie.'

Ni ellid digio efo Hans er fod ei farn yn gwbl groes, ac fe ffeindiodd Arwel ac Ann eu bod nhw'n mwynhau'r cyfnewid barn.

'*I suppose it's the same for you in England.*'

'Cymru.' Ann, y tro hwn.

'Yr un lle ydy o'n tê?'

'Nage wir. Iaith wahanol, gwlad wahanol. 'Dan ni yn bobl wahanol.'

'Felly,' meddai Hans 'peidiwch â'n galw ni'n bobl o *Holland*—Yr Iseldiroedd sy'n gywir. Beth am Fryslân ac ati, nid *Holland* ydy'r cyfan, dim ond un ydy *Holland*.' Chwarae teg iddo, dipyn o synnwyr digrifwch, meddyliodd Arwel, ac ni allai gredu fod Hans yn casáu ei wlad ar waethaf ei wrthryfel ifanc. Siaradai â Mike mewn *Dutch* llithrig.

'Pa iaith siaredi di efo dy rieni?'

'*Dutch*,' meddai fo.

'Felly mi rwyt ti'n defnyddio dy iaith dy hun,' a chwarddodd.

'Wrth gwrs,' meddai, 'a Saesneg, Almaeneg ac ychydig Ffrangeg.'

Teimlai Arwel ac Ann yn ddiymhongar iawn yn wyneb yr wybodaeth helaeth a'r hoffter at ieithoedd ac roedd ynganiad Hans o eiriau Cymraeg yn taro deuddeg ar yr ynganiad cyntaf. Ieithydd yn casáu ei iaith ei hun? Fedra i ddim derbyn hyn, meddyliodd Arwel.

'Fe fuon ni ar argae *Zuider Zee* echdoe. Mae'n wych sut yr adeiladwyd hi.' Nid cenedl i hanner gwneud pethau oedd y rhain. Hans â fflach an-nisgwyl.

'Ydech chi wedi clywed y chwedl am y dyn a roddodd ei fys yn yr argae i atal y llif?'

'Mae o fel Cantre'r Gwaelod,' meddai Arwel wrth Ann.

'Dw i'm yn meddwl mai ei fys o oedd o, a dweud y gwir, ond ei ddwy law fel hyn,' a gwneud osgo ar y bar yn ei ddiniweidrwydd agored honedig soffisti-gedig. Roedd yn meddu ar ddawn i ddweud stori, ac yn gwybod am yr holl lefydd y soniwyd amdanynt. Fyddai rhywun sy'n casáu ei iaith a'i wlad ddim yn ymgolli cymaint. Ifanc oedd o. Wedi sgwrsio am ychydig, daeth gorchymyn gan Mike iddo ddod at y bar. Aeth yntau i nôl stôl i eistedd wrth ymyl Arwel ac Ann. Erbyn hyn roedd criw'r bws yn llawn—ambell un â theulu wedi mynd yn ôl am y gwesty a'r gweddill yn gwrando ar jôcs; roedd eu bil diod yn dal i godi, a'r straeon yn llifo, Eifion a Dyfrig yn mwynhau, ac Ann ac Arwel yn mwynhau'n wahanol yn eu cornel hwy o'r bar.

Roedd Mike yn fwy swil yn ei Saesneg ac yn fwy hamddenol ei symudiadau, yn gymeriad mwy breuddwydiol, D. H. Lawrencaidd y gellid ymgolli yn ei lygaid, a dyna'r oedd Ann yn dechrau ei wneud, ymgolli, ac fe lithrodd byd amser ymhell. Doedd dim gormes y cloc, weddill y noson.

'Fues i yn Blackpool unwaith pan oeddwn i'n dawnsio. Roedd gen i Ysgol Ddawns ar un adeg, ac fe enillon ni bencampwriaeth.' Daeth chwithdod i'w lygaid; a synhwyrwyd hynny'n syth gan y lleill.

'Cyn y ddamwain,' meddai, 'mi ges i ddamwain car difrifol a ddifethodd fy nawnsio.' Roedd ei dawelwch a'i ddull diymhongar yn eu tynnu i mewn i gylch ei ymddiried.

'Dyma sut y cyfarfyddais i ag o,' a rhoddodd fflic i ychydig o ddŵr o'r sinc glanhau gwydrau, ac fe ddaliodd Hans ar ei fol. Chwarddodd yntau.

'Ar ôl y ddamwain ddifrifol mi fedrwn i roi ambell wers ddawnsio, ond daeth fy nawnsio i ben. Rywsut dw i wedi medru cadw fy siâp. Mae'r wraig yn gallu bod yn genfigennus.'

''Dech chi'n briod?' holodd Ann.

'Ydw, ac mae gen i ddau o blant bach annwyl iawn. Yn anffodus, oherwydd y *Steak House* dyden nhw ddim yn cael gweld Dadi hanner cymaint ac y dylen nhw. Mae'n wir y medrwn i wneud mwy o bres yn gweinyddu y tu ôl i far mewn clwb nos yn Amsterdam, ond dydw i ddim isio hynny rŵan. Dw i'n caru 'ngwraig a'r plant, ac ar fore Gwener dw i'n gwneud yn siŵr fy mod i'n rhydd ar gyfer fy ngwraig. Hi sy'n trin fy ngwallt i hefyd.'

Roedd yn ddigon hawdd gweld hynny; roedd wedi ei steilio'n arbennig iawn, a gwisgai ddillad chwaethus, drud.

'Micos ydy f'enw iawn i.'

Gwyddai Ann fod yna waed Groegaidd ynddo'n rhywle. Pam yn enw'r tad galw ei hun yn Mike? Am wastraff ar enw da!

'Ma' bywyd yn llawn efo'ch teulu ac efo'r tŷ bwyta.'

'Pan mae'ch hogan fach yn eich tynnu chi o'r gwely yn y bore. ''Dadi, dowch i fwyta brecwast efo fi,'' sut allech chi wrthod, er y gallech chi gysgu ymlaen? Yn y prynhawnie mae bywyd yn dechrau yma, ond 'dech chi'n gweld y *Menu* a'r gwaith arlunio ar bob un; fi sy'n gwneud hynny'n ddistaw bach draw yn y fflat.'

Trodd i nôl rhywbeth o'r cefn.

'Mae o'n chwerw ynghylch ei ddamwain,' meddai Ann.

'Ydy efallai, ond mae hynny wedi'i gyfeirio fo at y pethau pwysig—ei deulu a chariad.

'Ydy, digon gwir.'

Dychwelodd. 'Ers y ddamwain rhaid imi wrando'n astud efo'r glust chwith am i mi golli defnydd y glust dde.'

'Ydech chi'n dilyn ein gwefusau?'

'Ydw.'

'Beth ydy'ch enw chi?'

'Ann.'

Ac yna dechreuodd cyfnod o ysgrifennu pethau ar y pad ordro. Geiriau ac ymadroddion wedi'u hysgrifennu'n dwt a chain yn yr iaith frodorol gan Mike, dro arall wedi'u sgwennu fel traed brain gan Hans. Byddai'n cael ei gywiro gan Mike. 'All hwn ddim sgwennu.'

'Na fedraf,' meddai, wedi hen arfer 'achos dydw i ddim yn dod o ran grand y dref.'

Chwarddodd y ddau a byseddodd Mike fwy o ddŵr i gyfeiriad Hans. 'Lwcus nad yw'r bòs ddim yma,' ebe Hans ar hyd y lle.

'Sh!' a brawddeg o gerydd i ganlyn.

'*Don't worry, we're not talking about you British. Not English.*'

'*Welsh*, Cymry,' ebychodd Arwel.

'Da iawn wir, Hans. Diolch i chi am gydnabod ein bod ni'n wahanol,' gwenodd Ann.

'Wel, 'dech chi 'di dysgu'r wers efo *Holland*, yn do?'

'Yn sicr.'

Erbyn hyn roedd y Cymry wedi cael eu gwala ac wedi rhyw gyd-ganu digon gwantan efo tâp o

66

Eidelweiss am ryw reswm. Penderfynodd pawb fynd adref.

'Dyfrig, tynna lun ohonan ni!' gwaeddodd Arwel. A dyna a wnaed—Ann, Hans, Arwel a Mike ar noson arbennig. Roedd y pedwarawd hwn yn dal yn y diamser. Eifion ddaeth at Ann. 'Dw i'n mynd 'nôl i'r gwesty rŵan, efo'r criw. Ty'd di yn dy bwysau.'

'Iawn.' Chwarae teg iddo. 'Fydda i ddim yn hir, dim ond yn cael eu cyfeiriad nhw rhag ofn iddyn nhw ddod i Gymru.'

Ffarweliodd pawb yn foneddigaidd gan arllwys allan i'r nos hwyr a'r stryd wag, gan adael dim ond pedwar.

Heb fod eisiau prysuro o gwbl, daeth gwahoddiad.

'Diod arall? Ganddon ni'r tro hwn.'

'Ond 'dech chi 'di rhoi un neu ddau i ni'n barod.'

'Ond chi 'di'n gwesteion ni.'

''Dan ni'n eich cadw chi rhag eich teuluoedd rŵan?' holodd Ann Mike.

'Na, dw i 'di ffonio'r wraig fel dw i'n gwneud bob nos i ddeud ''Nos Da'', ac os nad ydy hi'n ateb mae hi'n cysgu'n braf, neu ddim am ailgodi. Mae hi'n un dda. Pwysodd ymlaen ar y bar a'i bersonoliaeth yn ymagor mewn cwmni llai. O dan y golau gellid gweld mwy o hudoliaeth yn wyneb Mike.

'A beth amdanat ti, Hans? Lle mae dy gariad di?'

'Ddim yn fy nisgwyl i heno. Dim ond ar benwythnos y bydda i'n cael ei gweld; mae hi'n brysur yn y Coleg.'

'Ac mae'r noson hon i chi'ch dau,' meddai'r ddau.

'Ac i chithau,' meddai Arwel yn fewnol. Teimlai eu bod wedi elwa cymaint ar y profiad, y ddau

67

Gymro wedi cael eu codi o'u cyfyngder, o'u sefyllfa a'u hysgwyd ychydig gan ddau lysieuwr, ac roedd y noson am barhau . . .

Ar noson ddi-Fòs dyma Ann yn cynnig. 'Gawn ni eich helpu chi efo'r llestri? 'Dan ni'n eich cadw chi'n hwyr.'

'Na chewch. Chi 'di'n gwesteion ni.'

Teimlai Ann ac Arwel y gwahoddiad yn corddi ac yn llunio ers tro ac roedden nhw'n gytûn:

'Wnewch chi ddod draw i aros efo ni i Gymru er mwyn i ni fedru dangos ein gwlad i chi?'

Meddwl am ei fol yr oedd Hans. ''Dech chi'n gwybod y *Grill* 'ne gafodd eich gŵr chi heno— wel, fe fuasai'n rhaid cael dau o'r rheina i mi.'

'Iawn, dim problem,' meddai Ann. Roedd hi'n daer.

'Ac mae gen i'r wraig a'r plant.'

'Iawn. Digon o le,' meddai drachefn.

Cyfnewidiwyd cyfeiriadau, cafwyd diod arall a ffarweliwyd yn hir cyn i'r ddau bâr adael i'r nos ddod rhyngddynt.

'Cofiwch chi ddŵad rŵan,' meddai Arwel. Edrychai Mike braidd wedi'i glwyfo gan y geiriau. 'Mae ganddon ni'ch cyfeiriad.' Cystal â dweud, ydech chi'n f'amau i? Ac roedd Arwel yn difaru ei eiriau. Doedd o ddim wedi bwriadu brifo Mike.

Wrth groesi'r ffordd am y gwesty, edrychodd Ann ac Arwel yn eu holau drwy'r ffenestri.

'Dw i'n gwybod fod hyn yn hunanol, ond gobeithio nad jyst dau gwsmer arall oedden ni heno. Gobeithio'u bod nhw'n mynd i'n cofio ni,' meddai Ann.

'Ia, dw inne'n gobeithio hefyd.'

'Faint o gyfeiriadau sy ganddyn nhw ar gefn hen fatiau cwrw a hen gyfeillgarwch heb ei wireddu?'

'Ia,' meddai Arwel, 'noson arbennig iawn.' Noson pan sibrydai'r awyr yn awgrymog fod rhywbeth i ddigwydd; rhywbeth angenrheidiol, gwaelodol. Ac i'r ddau o Gymru roedd y nos cyn ysgafned â'r bore bach.

Ddeg munud yn ddiweddarach gorweddai Arwel ar ei wely'n ail-fyw'r noson, ac yn gobeithio y deuent draw i Gymru, er bod Hans wedi bygwth mai'r Nadolig neu'r Pasg nesaf fyddai'n debygol, a hynny'n ddirybudd. Cysgodd yn sŵn radio'r gwesty oedd yn dal i chwarae Tom Jones yn nyfnder y nos.

Ar gefn ei feic drwy nos ddiogel Amsterdam teith-iodd Hans yn ôl i'r fflat. Prin y byddai yno, gan y gweithiai saith diwrnod o'r wythnos. Dyna noson wahanol, meddyliodd gyda dau gwpl mor wahanol i'r arfer. Efallai ei fod o'n hoff o'i wlad wedi'r cwbl. Fyddai o fyth eisiau gadael Amsterdam, ond wnâi o fyth wisgo clocsiau i blesio neb! Ond efallai y câi fynd i Gymru ryw dro rŵan.

Yn dal i orffen tacluso yr oedd Mike. Buasai mwy o waith yn y bore oni bai am ryw funud neu ddau'n ychwanegol heno. Noson i'w chofio, ac un llawer gwell na'r rhai y mae disgwyl iddyn nhw orffen am ddeg. Diolch am y gwesty newydd ar draws y ffordd —deuai rhyw griw gwahanol drosodd o bob bws erbyn hyn. Gobeithio y byddai'r ddau yna heno yn eu cofio, achos fe gafodd gyfle heno i fod yn fo'i hun, i ddweud ei gŵyn, i fynegi ei siom am fywyd, i sôn am yr iselderau—bywyd ar ôl y ddamwain—a hefyd i sôn am ei deulu. Cymaint yr oedd o'n eu caru nhw. A ffarweliodd â'r tŷ bwyta yn gynnes wedi cael bwrw bol a gwerthfawrogi, a hynny mewn cwmni niwtral.

Sleifiodd Ann i'r gwely wrth ochr Eifion. Nid oedd yn siŵr a oedd wedi cysgu. Roedd y noson wedi bod yn ailgychwyn iddi, yn ei chodi o'r cyffredinedd, ac roedd geiriau Mike am anwyldeb ei wraig wedi ei hysbrydoli. Gobeithio y deuent i Gymru—Mike hardd a Groegaidd, a Hans byrbwyll, byrlymus. Trodd at Eifion, a gafaelodd amdano'n dynn ac yn dyner, yn dynnach a thynerach nag y gwnaethai ers tro, ar y noson olaf arbennig hon.

Y Llofnod

Roedd hon yn nos Wener wahanol. Diffoddodd Marged lun y teledu a blasu'r heddwch a deyrnasai yn yr ystafell fyw. Nos Wener a'r gŵr wedi mynd am beint i'r Clwb efo'r hogiau, y mab wedi mynd allan o dan oed am y tro cyntaf i'r dafarn, ac yn addo dod yn ôl am ddeg, a'r merched yn eu gwlâu achos eu bod ynghanol arholiadau. Fe hoffai Marged ambell nos Wener iddi hi ei hun yng nghwmni'r teledu fel arfer neu'n gwneud gwaith tŷ, neu yng nghwmni ffrind a ddôi draw gan fod nos Wener yn noson dawel.

Ond heno gorweddodd yn ôl yn y gadair esmwyth o flaen y tân heb ddim yn symud ond y cof. Âi'r cof yn ôl ar hyd priffyrdd ei bywyd gan amlaf, ond heno, ar ei gwaethaf, teimlai y byddai'n troi i lawr un o'r lonydd cefn. Roedd profiadau'r *cul de sac* yn aml yn cael eu hanwybyddu yn ystod rhuthr byw, ond byddai'r profiadau hynny mor ingol â byw i rywun.

Gwyddai heno y byddai pethau yn mynd ymhellach na chofio ac anghofio unigolion; roedd rhywbeth yn ei chymell at ddrôr y llyfrau, ond nid llyfr i ddarllen oedd y nod heno. Sythodd o'i syrthni, ac fel grym magned fe'i tynnwyd at y cwpwrdd llyfrau. Nid oedd yn ddarllenydd mawr, ond ar hyd troeon yr yrfa fe gafodd ambell un yn rhodd a phrynodd ambell un arall. Roedd yno set o dri o weithiau cyflawn Somerset Maugham, a daeth â chyfrol dau allan a'i fyseddu'n gysegredig ofalus. Yn amlwg roedd llwch wedi hen hel arno ac fe'i chwythodd yn frysiog fel pe bai'n ceisio cael gwared ar dresmaswr oedd yn bygwth rhyw ran ohoni, rhywbeth y tu mewn, dan yr wyneb yn ddwfn. 'Llwch ydym bob un yn y bôn,' meddai pawb. Ni chredai hi mewn llwch.

Caeodd y drws ar y cwpwrdd llyfrau fel un yn cau drws ar orffennol, ond roedd talp ohono'n loyw yn ei llaw. Beth oedd cyfrinach y llyfr? Fe wyddai hi yn iawn. Roedd y geiriau a ysgrifennwyd ar y clawr yn bwysicach na'r stori. 'I Marged annwyl, ar ei llwyddiant yn pasio'r arholiadau nyrsio, ac ar ddechrau ei gyrfa broffesiynol. Pob cariad gan Rick.' Rick oedd cyfrinach y llyfr. Rick mor wahanol, mor annwyl, mor grefyddol; Rick oedd allwedd llwyddiant y dyddiau hynny. Fe fu'n adolygu am oriau efo hi cyn yr arholiadau. Meddyg oedd o, a bu yno am oriau yn sefydlogi ffeithiau yn y meddwl ymarferol, er mwyn iddi lwyddo yn yr arholiadau brwnt. Llwyddo'n ysgubol fu ei hanes.

Cofio Rick yn adolygu efo hi tan dri o'r gloch y bore yn ei fflat, a'r merched yn y tŷ nyrsys yn siarad amdani, yn amau'r adolygu, ac yn cellwair. Ond gwyddai Marged nad oedd Rick wedi cyffwrdd bys arni, a phe byddai wedi trio, byddai'r parch a'r cariad tuag ato wedi diflannu dros nos. Roedd ganddo gariad ac amynedd a gallu, a'i groen yn ddu. Dyna fu'r sioc pan aeth hi a Rick adref rhyw benwythnos. Mam yn crio yn agored wrth weld y talp dros ei chwe throedfedd, du ei groen yn dod i mewn. Nid yn erbyn y du ei groen yr oedd Mam, ond ddim yn deall, ddim yn medru dygymod â'r sefyllfa, heb brofiad ohono yng nghefn gwlad Cymru. Nid rhagfarn ond anwybodaeth oedd yn ei dallu, ond yn y diwedd bu cariad Mam yn gryfach.

Ar wahân i eiliadau fel hyn pan syllai ar yr ysgrifen. Cofiai achlysur yr ysgrifennu.

Wrth gwrs wedi priodi bu'n rhaid llosgi'r lluniau, y llythyron, y cyfan er mwyn y gŵr, ond cadwodd y llyfrau. Fyddai'r gŵr fyth yn meddwl darllen Somerset Maugham, felly roedd rhyw afael ar orffennol yn ddiogel yno! Nid rhyw ddeisyfu ffôl am yr hyn a fu, ond darn o'r byw a fu yno i gyffroi yr eiliadau hynny pan feddyliai am Rick. Carai ei gŵr yn angerddol ond dyma un man lle na châi fynediad.

Gwyddai Marged yr hanes trist i gyd. Daeth llythyr flynyddoedd yn ddiweddarach i'w chartref yn dweud i Rick briodi'n hapus a bod teulu ganddo yn Zambia, a bod swydd dda ganddo yng ngwasanaeth iechyd y wlad. Gofynnai'r llythyr am wybodaeth amdani hi. Fe gadwodd Mam ei gafael ar y llythyr am fisoedd cyn cydnabod ei fodolaeth. Byddai Marged wedi ei ateb, ond gwrthodai ei mam â chydymffurfio. Beth petai ei gŵr yn dod i wybod? Felly, parhaodd y llythyr yn epistol unffordd, heb ei ateb, y darlun yn anghyflawn. Fe wyddai Marged i Rick a'i deulu gael eu lladd yn eu gwlad eu hunain gan derfysgwyr, ac iddynt ddioddef artaith ofnadwy cyn eu boddi yn eu pwll nofio eu hunain— y nhw a phwysigion eraill. Cofiai eiriau ei mam; ''Drycha, cariad, beth fuasai wedi digwydd petait ti wedi mynd drosodd'.

Doedd dim galaru gormodol am Rick ac amgylchiadau ei farw ar waethaf penawdau breision y papurau, dim ond arswydo at y gyflafan efo'i wraig a'i blant. Gwyddai Marged mor gadarn oedd ffydd Rick. Dyna'r cariad ysbrydol, meddyliol, mwyaf a brofodd hi yn ei bywyd. Ni chafodd yr un peth yn ei phriodas, ond cafodd rywbeth gwahanol a theulu bendigedig, a derbyniodd na fedrai rhywun gael popeth mewn bywyd.

Ond roedd ganddi'r llyfr, a wyddai neb arall o'i theulu amdano. Fel rhyw gyfrinach felys, yn gofgolofn i gariad parhaol, cariad nad â yn hen. Roedd hi bron yn ddeg o'r gloch, a chyn hir deuai ei mab yn ôl o'i brofiad cyntaf yn y dafarn yn y dref, a deuai ei gŵr adref yn hwyrach, felly fe gododd a mynd â'r trysor yn ôl i'r cwpwrdd llyfrau i guddio am ryw hyd eto.

Cadwodd y llyfr, caewyd y cwpwrdd. Canodd cloch y drws ffrynt. Roedd hi'n ddeg union. Roedd ei mab wedi parchu ei dymuniad, wedi dod o'r dafarn erbyn deg. Rhedodd i agor y drws.

Y Ffurflen

Cymylai oerfel Rhagfyr a gwres tymhorol y Swyddfa yn stêm ar wydrau mawr y Swyddfa Bost. Canolbwynt y cyfan oedd y cloc, yn parod wenu ar wynebau gwŷr busnes ar ras awr ginio, a'r pensiynwyr bregus a lusgai at y cownter, a chroeso llachar y stribedi trydan disglair. Gellid clywed y gybolfa arferol o sŵn traed a lleisiau, cyrff yn ymwthio wrth y drws, sŵn llusgo babi mewn pram yn ofalus dros y diffyg cledrau a'r cwyno arferol fel y sylwai rhai fod y ciw nesaf yn cael gwell gwasanaeth.

Y tu ôl i'r rhaniad gwydr, eisteddai criw yn eiddgar wyro eu hwynebau tua'r holltau a adawai i lais y cwsmer dreiddio i mewn.

'*Give us two First Class.*'

'*Do I have to sign on the dotted line?*'

Eisteddai ambell un o'r staff y tu ôl i'r rhaniad gwydr fel barnwr ffroenuchel yn syllu ar arwyddwyr dôl cywilydd. I eraill o'r staff, act o brysurdeb oedd y cyfan—fflicio'r llyfr stampiau o dudalen i dudalen a hollti ymyl fregus y stampiau fel rhwygo papur. Gweithiai eraill yn ddygn a'u clustiau at yr holltau a'u pennau i lawr, a'r gwasanaeth yn llifo. Gwisgai un gŵr ifanc glustdlws aur a dynnai sylw pawb a ddeuai o'i flaen.

Roedd 'na un ar ôl: Mattie Hughes, a edrychai ar y foment honno ar y diferion gwres yn ymlwybro'n araf i lawr y ffenestr enfawr o'i blaen. Digwyddai fod yn ddigwsmer. Cymraes. Am eiliad, uwchlaw'r sbwng gwlyb y bu ei bysedd yn ei fwytho, y parseli y bu'n eu trefnu, a'r pensiynau y bu'n eu talu, roedd yn ôl yn yr Eisteddfod, ymhlith ei diddordebau. O leiaf yn yr Orsedd roedd Cymreictod yn golygu rhywbeth, ond yma yn swyddfa'r gwatwarwyr gallai'n hawdd fynd efo'r llif. Aml i dro bu mewn ffrae am fynegi ei barn am Gymreictod. Edrychai ar y gŵr oedd yn gwasanaethu wrth ei hochr. Cymro heb iaith, heb awydd, heb glem. Ond roedd hi'n oddefgar drwy'r cyfan; roedd eu gwerth fel dynion a merched yn bwysicach iddi, a'r cymysgedd yn rhoi lliw i fywyd. Ond fe fyddai'n dweud ambell beth weithiau, yn reddfol o'r bron, a'r geiriau'n ffurfio'n ddiarwybod ar ei min.

Edrychai ymlaen at siarad efo Cymry'r dref wasgarog pan ddeuent at ei thwll bach hi yn y sgrin, ac weithiau os gwelai enw Cymreig ar lyfr pensiwn neu ffurflen, byddai'n ddigon beiddgar i holi tipyn am eu hanes a'u meistrolaeth o'r famiaith.

'*I would have liked to have learnt Welsh*' oedd ateb y rhan fwyaf o'r rhai hŷn, ond efo'r genhedlaeth ifanc deuai rhyw ddigywileidd-dra'n ôl drwy'r craciau a tharo wyneb addfwyn Mati Hughes fel brathiad oer y barrug ar fore o Ragfyr.

'*Don't insult me, for God's sake. Welsh? What use is it to you, anyway?*

'*You'd be surprised,*' oedd yr ateb tawel a throi yn ôl at fyd y glud a phen y frenhines, heb ddangos y gwewyr. '*I only wondered, that's all.*'

Bu mab Mati Hughes, er peth loes iddi ond nid heb gefnogaeth ei fam a'i dad, yn y carchar am sbel, ond troes y loes yn orfoledd a chadernid yn ei meddwl erbyn hyn wrth weld sianel Gymraeg ar y teledu; Cymraeg ar arwyddion ffyrdd, ac yn fwy arbennig fyth, ffurflenni ei byd gwaith yn y Gymraeg yn cadarnhau fod y cur wedi esgor ar lwyddiant ar hyd yr ymylon. O leiaf fe wnâi hynny fyd caled gwasanaeth Seisnig ei naws yn haws i'w ddirnad a'i dderbyn.

I dorri ar draws ei meddyliau daeth gŵr at ei stondin i archebu trwydded yrru newydd, ac roedd ei acen yng nghategori Mati o bobl oedd yn medru'r Gymraeg.

'Prynhawn da. 'Dech chi eisio trwydded yrru newydd felly?'

'O dyna i chi Gymraeg *posh! Driving Licence* fydda i'n 'i ddeud bob tro. 'Dech chi'n *posh* iawn efo'ch Cymraeg.'

'Mae angen llenwi'r ochr yma i gyd.'

'Peidiwch â meddwl am funud fy mod i'n *Welsh Nash* neu un o'r *Free Wales Army*. Dw i am lenwi'r ffurflen ar yr ochr Saesneg.'

'Dydech chi ddim eisiau ffurflen Gymraeg felly?'

'Nagoes,' a chwerthiniad. Gwthiodd y pres dan y sgrin a theimlai Mati Hughes ddeigryn yn dod i'w llygad, ac eto ni fynnai i'r gŵr ar ochr arall y cownter gael gwybod, a chael y gorau arni.

'Wel cofiwch chi,' meddai hi gan estyn ei newid,' y tro nesa y gwnaiff rhywun ofyn i chi os ydech chi eisiau ffurflen Gymraeg, fod plant rhai ohonom ni wedi dioddef yn y carchar i gael ffurflen ar gyfer pobl fel chi . . .'

Edrychodd y gŵr fel pe bai wedi ei syfrdanu ac aeth oddi yno'n dawel wedi derbyn ei drwydded ddwyieithog. Llaciodd holl ewynnau corff Mati. Yna gwaeddodd llais cras o'r tu cefn iddi:

'*Get your skates on*, Blodwen. *Coffee time, or should I say "coffi".'* A gwelai Mati Hughes ei bywyd yn un o safiad ar ôl safiad. Ond ni allai lai na chwerthin uwchben ei choffi. Roedd hi'n falch iddi fedru llunio'r geiriau i ddweud wrth ddyn y drwydded; byddai'n haws y tro nesaf. Ac wrth i'r ddiod dreiddio'n gynnes i'w chrombil fe wyddai Blod, yr hen Blod fytholwyrdd, fod tegwch o'i hochr. Chwarddodd eto cyn dychwelyd at y cownter a thynnu'r arwydd 'Ar Gau' i wynebu ail hanner y prynhawn a'i batrwm cwilt o gymeriadau Tre'r Ffin.

Y Ffin

Meddyliwch yr hyn allai fod wedi digwydd! Rhwygodd rwber cadarn y teiars oddi ar y ffordd. Roedd Osian wedi cau ei lygaid am ennyd wrth yrru. Roedd yn hen amser iddo gael cysgu, ni chofiai yn iawn lle'r oedd o. Stopiodd y car a sylwodd nad oedd petrol ar ôl. Cofiai rŵan ei fod yn yr hen bicil arferol ar y daith o Gaerdydd yn ôl i'r gogledd.

Gwelodd olau ar ochr chwith y ffordd, golau mawr. Sythodd y car. Byddai rhywun yno i roi ychydig o betrol mewn can iddo gobeithio, ac i newid y papur decpunt oedd ganddo yn ei boced. Doedd o ddim mor bell o'i gartref, ond roedd y ffordd mor ddu â bol buwch.

Teimlai Osian y nos yn brathu amdano, yn arbennig gan mai dychwelyd i aeaf gororau Cymru yr oedd o wedi cynhesrwydd hafaidd Israel yn recordio'r rhaglen. Bu ar ei draed ers chwech o'r gloch y bore hwnnw. Curodd wrth ddrws y goleuni ond nid atebodd unrhyw un, er iddo ganu'r gloch ddwywaith neu dair.

Aeth yn ôl i'r car a'i gychwyn eto er mwyn cyrraedd y golau nesaf ar ochr y ffordd. Gwelodd sbecyn o oleuni y tu ôl i'r clawdd dipyn o'r ffordd a throdd i mewn i fuarth y fferm. Roedd y golau yn nhu blaen y tŷ ac roedd yn haws iddo lwybreiddio'n ofalus at ei lewyrch nag at dywyllwch y cefn. Aeth trwy lidiart a thros laswellt, ac ambell flodyn, at yr hen ddrws ffrynt. Bron nad oedd yn addurn, roedd mor fregus. Rhoddodd gnoc arno.

Ymhen ychydig gwelodd gysgod yn y cyntedd a sŵn yn dynesu.

'Ma' 'na rywun wrth y drws ffrynt! Does 'na neb byth yn dod at y drws ffrynt!' Llais gŵr oedrannus.

'O! Diolch byth!' meddyliodd Osian. 'Cymry.' Ciliodd y cysgod yn ôl mewn ofn neu i agor drws y cefn. Tarawodd Osian y gwydr eto. 'Iw hŵ!' gwaeddodd. Cyn hir daeth llais o ddüwch ochr y tŷ:

'Helô.'

'O helô, mae'n ddrwg gen i'ch poeni chi, ond mae'r petrol ar ddarfod yn y car.'

'Cymro, ia? Yn y rhan yma o'r wlad? Wedi rhedeg allan o betrol, ia? Dowch i mewn, fachgen.' Arweiniwyd Osian i glydwch hynafol y tŷ a'i gloc taid, a'i bren a'i nenfwd isel i'r gegin lle'r oedd gwraig yn eistedd wrth y tân. Ar y dreser roedd llestri a lluniau llawer o blant, a dau fab, mae'n debyg, ar ddiwrnod eu seremoni graddio yn y coleg.

Esboniodd y gŵr wrth y wraig yr hyn oedd wedi digwydd.

'Gymrwch chi banad? Mae hi'n beth mor ang-hyffredin cwrdd â Chymry yn y rhan yma o'r wlad.' Wrth baratoi'r baned daliai'r wraig i siarad, tra aeth y gŵr i chwilio am betrol yn y cut.

'Ni ydy'r unig Gymry rhwng fa'ma a'r dre. Yr unig rai. Fasech chi ddim yn coelio, yn na fysech? O'n blaenau, ma' 'na filltiroedd ar filltiroedd o goed y gororau fel milwyr ynghrog rhwng dau fyd. 'Dan ni'n cael Cymraeg ar y diwifr, yndê, ond dyden ni ddim yn cael Cymraeg ar y teledu—dim ond yr hen *Channel Four U.K.* felltith 'na ... 'Dach chi'n gweld y lluniau ar y dreser?'

'Ydw,' atebodd Osian.

'Fe aeth fy meibion i i garchar, wyddoch chi? Do wir, a Glyn a minnau yn cytuno efo'u safiad nhw gant y cant. Dringo i fyny mast wnaethon nhw a gwrthod dod i lawr. Meddyliwch am y peth. Doeddwn i ddim yn hoffi meddwl am fy meibion i yn gaeth yn y carchar. Fe fu'n rhaid i ni fynd i'r llys i Lerpwl, a'r cyfan oedd ei angen oedd cyfiawnder. Dacw luniau'r plant. Ma'n rhyfedd eu bod nhw i gyd yn byw yn Lloegr rŵan o'u gwirfodd a'r plant bach ddim yn cael chwara teg efo'u Cymraeg. Mae 'na lun o'r ddau yn cael eu gradd a ninnau wedi'u tynnu nhw yn eu gwisg wrth yr hen ddrws ffrynt. Yr un fuoch chi yn cnocio arno fo heno.'

Trodd i wynebu Osian ac oedodd wrth dorri bara brith a thaenu menyn cartre braf yn dew arno.

'Does 'na ddim galw am y drws ffrynt 'na. Ni ydy'r unig Gymry ar y ffin, ac mae'r drws 'na'n wynebu Lloegr yn syth yn ei llygaid. Fydda i'n teimlo pan ydw i ar fy mhen fy hun yn y tŷ a Glyn hyd y caeau, mai fi ydy'r unig Gymraes ar ôl ar wyneb daear. Mae Glyn yma efo mi, ond 'dech chi'n gweld, mae'r tŷ yn wynebu'r dwyrain a'r gelyn o gwmpas, yn cau i mewn ymhobman. Hen ffin iasoer ydy hi. Mi fyddan ni'n teithio i'r gorllewin i'r capal unwaith bob Sul, ymhell o grafangau gorfod gwrando ar honna'n sisial.'

'Pwy?' gofynnodd Osian.

'Yr hen ffin 'na. Ond dw i'n gwrthod ildio i'r hen Satan. Mi fydda i'n 'i chlywed hi'n anadlu yng ngwaelod yr ardd. Ambell dro mi fydda i'n meddwl ei bod hi wedi diflannu a'n bod ni wedi cael goruchafiaeth ac yn ymlacio. Smalio ei bod hi ddim yno. 'Rioed wedi bod. Weithiau mi fydd hi'n braf ac mi a' i allan i dorheulo yn yr ardd efo Radio Cymru ymlaen mor uchel â dw i isio. Dim cymdogion yma. Dim ond y hi. Ond ar ddyddiau felly fe fydd hi'n diflannu. Ond pan ddaw hi'n fin nos, mae'r hen ffin yno eto'n grechwen i gyd, a minnau'n twyllo fy hun mod i 'di llwyddo i gael gwared ohoni. Ond rydan ni'n gwrthod ildio, Glyn a fi, yn gwrthod rhoi i fyny.'

Erbyn hyn bwytaodd ac yfodd Osian yr ymborth a ddaethai fel manna o'r nef i'w ddeffro. Parhâi'r hen wraig â'i stori.

'Wyddoch chi, fe fydda i'n teimlo fod y ffin yn crafu'r drws ffrynt 'na, fel 'tai hi yno y tu allan yn barod i'n sugno ni. Mae hi mor gellweirus a llesmeiriol, fel y gŵr drwg ei hun. Mi glywa i hi weithiau'n anadlu'n gadarn fel 'tasa hi'n dechrau colli arni'i hun. Ond dro arall mae hi'n crwydro.'

Oherwydd y blinder efallai, pan ddychwelodd Glyn â'r petrol sbâr, nid oedodd Osian.

'Diolch yn fawr i chi am eich caredigrwydd. Mi a' innau'n fy mlaen ar f'union.'

Ddeuddydd yn ddiweddarach, wedi iddo brynu blodau gweddus yn rhodd i Glyn a'i wraig am eu caredigrwydd, penderfynodd Osian bicio yno rhwng dau gyfnod gwaith yn y stiwdio radio. Ond er cribinio'n fân ffordd fawr y ffin, o glwyd i glwyd, ni fedrodd ddod o hyd i'r ffermdy a'i ddrws ffrynt yn unman.

Pagan y Nadolig

Bore prysur, llwyd cyn y Nadolig a Mam a Dad a'r plant i gyd ar Stryd Fawr Bangor yn rhan o'r ras wallgo' arferol i sicrhau Nadolig y presantau a Nadolig yr aelwyd. O flaen Woolworth, dathliadau y garafán radio ysbyty leol yn cynhesu calonnau carreg y siopwyr, swigod i'r plant a Shakin' *'Merry Christmas Everyone'* Stevens yn canu ei garol yntau i'r Nadolig cyfoes. Chwythwyr dyfal y swigod yn creu ysbryd parti, ac wedi anghofio parti pen blwydd pwy yn union sy'n cael ei ddathlu.

Dyma anelu at gaffi poblogaidd am dipyn o gynhesrwydd a chroeso ac eistedd yn yr unig le gwag er bod yna rywun yn amlwg gyferbyn oherwydd fod yna gôt wedi ei thynnu a bagiau presantau Nadolig. Mae rhywun wedi bod yn brysur, meddwn wrthyf fi fy hun, ac yn mentro gadael ei bethau fel hyn.

Daeth y perchennog at y bwrdd, gŵr ifanc tua deg ar hugain oed gyda gwallt fflamgoch ac wyneb ag arno ôl profiadau bywyd. Dechreuodd siarad ar ei union gan leoli fy acen i yn ardal y Bala, ac o gofio'r holl gysylltiadau teulu â'r ardal, doedd o ddim ymhell ohoni. Daeth fy nhaten bôb i efo caws a nionyn, a'i *chilli con carne* o.

'Dwyt ti ddim yn byta cig?'

'Ddim yn amal iawn, ond fedra i ddim deud 'mod i'n llysieuwr, er y gallwn i'n hawdd iawn fod.'

'Dw i 'di rhoi'r gorau i yfed, a bron efo smocio, ond fedra i ddim rhoi'r gorau i fwyta cig.'

Ac yna aeth ymlaen i sôn am y profiadau a ddaeth yn sgil y gor-yfed, pan aeth pethau'n drech na fo.

'Cofio deffro yn yr ardd gefn neu yn Ffrainc, neu yn Iwerddon un tro a deall ei fod yn broblem wedyn. Methu stopio efo un neu ddau heb fynd i eithaf y profiad. Ond dw i'n teimlo fod gen i well rheolaeth rŵan. Pobl ydy 'nghyffur i rŵan. Pobl ymhob-man wrth deithio o gwmpas. A theithio, dyna'r pleser mawr arall. Rhaid i mi gael teithio. Fel arfer mae pobl fy oed i wedi setlo i lawr a thŷ a gwraig ganddyn nhw. Ond mae car yn bwysicach i mi, er mwyn i mi gael dianc.'

Roedd Bangor y siopau gwag ymhell o'm meddwl wrth deithio efo'i atgofion.

'Pam na sgwenni di dy atgofion?'

'Mae o gynno fi fan hyn,' gan gyfeirio at ei ben. 'Mi fuasai llawer ohono'n "*X*" *rated*, beth bynnag.'

'Dio'm ots am hynny, os wyt ti'n deud y gwir. Does 'na ddim digon o bethau Cymraeg sy'n dweud y gwir.'

'Petha y buasai Nain yn gwaredu rhagddyn nhw. Siarad efo hwran yn Amsterdam mewn tafarn. Swydd iawn ganddi cynt, ond yn troi at y stryd er mwyn cael mwy o arian.'

'Oedd hi'n berson trist?'

'Dw i'm yn meddwl ei bod hi'n drist. Roedd 'na ddigon yn ei phen hi, ac roedd hi yn yr un dafarn bob nos efo'i ffrindiau, fel yr ydw i yn fy ngwaith. Mae'r holl deithio dw i'n 'i neud yn newid dy agweddau di. Does gen i ddim rhagfarnau rŵan yn erbyn cenhedloedd. Sut medra i farnu'r Americanwyr o gyfarfod un ar ei wyliau yng Nghymru? A ffrindiau —rhai ohonyn nhw'n wrywgydwyr—fedra i ddim eu barnu nhw; nid fy lle i ydi eu barnu nhw. Dw i'n llawer iawn mwy agored ar ôl teithio a dydy'r problemau sy'n fynyddoedd yn y wlad yma, yn ein byd bach ni yma, yn ddim byd ar ôl dŵad yn ôl. Fydda i'n dianc i fynydda neu i fyd chwaraeon rŵan. Mae 'na fwy o drefn ar betha, mwy o reolaeth.'

'Wyt ti'n dysgu?' meddwn innau. Am gwestiwn cul!

'Nac ydw, gofalu am blant dan anfantais ydw i. Ac mi dw i di bod â'r plant ar wyliau i Iwerddon. Roedd hi'n hollbwysig i un hogyn oedd yn marw o gancr gael mwynhau ei hun a mynd. Roeddwn i'n rhannu stafell efo fo ac un bore mi ddeffrôdd o a gwneud paned o goffi i mi a defnyddio hanner y tun. Mi'r oedd 'na goffi ymhobman, ar y waliau, bobman. Ond mi wnaeth o fwynhau. Dw i'n cofio adeg arall i mi fynd i Iwerddon. Ond dw i'n rhy feddal, 'ti'n gweld—mynd yno am dridiau a gweld mam a phlentyn yn cardota ar y stryd a phlentyn pymtheg oed yn cysgu'r nos ar y bont dros y Liffey.' Am eiliad daeth sŵn y presennol a'r siopwyr yn llenwi'r caffi â'u bodlondeb Nadoligaidd.

'Dydy pobl Bangor ddim yn gwybod am dlodi, fel'na. Ac mi fwciais i'r hogyn ifanc i mewn i'r Hostel ac mi gafodd o ymolchi a gorffwys, ac roedd gen i hanner canpunt ar ôl, ac mi fuaswn i wedi medru aros am ddeuddydd arall yn gyffforddus. Ond wnes i ddim, allwn i ddim mynd ymlaen i fwynhau fy hun ar ôl gweld hynny. Felly mi ddeudis i ''Hwda, dyna ti''. Dwn i ddim ar beth y gwariodd o'r pres, ond o leiaf roeddwn i wedi ei roi o.' Roedd y byd yn gyfres o bentrefi a phawb yn frawd i'w gilydd yn ei ddarluniau hardd.

'Roedd hynny'n beth Cristnogol iawn i'w wneud.'

'Dydw i ddim yn grefyddol, chwaith. Pagan ydw i. Pagan. Yn arbennig ar ôl rhai o'r profiadau dw i 'di gael, yn rhywiol dw i'n feddwl. Dw i'n gwybod am deitl da i lyfr o'r hanes—*Gutters of Europe*.'

Dychrynais fymryn, ar yr wyneb. Ond ni allwn beidio â meddwl am linellau Cynan o 'Faled y Pedwar Brenin':

'Yn gymaint a'i wneuthur i un o'r rhai hyn,
Fe'i gwnaethost i Arglwydd yr eira gwyn.'

Ond efallai fy mod innau erbyn hynny'n llithro i fyd ffansïol, delfrydol yn hytrach nag wynebu'r sefyllfa.

'Beth elwi di o felly—gweithredoedd da 'ta?' awgrymais i. Distawrwydd.

'Dw i'n cofio adeg yn teithio yn Denmarc a minnau'n holi yn yr iaith am le i aros, a Sgotyn yn edrych arna i'n anghrediniol. *"Ay, could ya say that in English, please?"* Perchennog clwb nos oedd o, ac mi ges i aros yn ei le fo y noson honno. Ac fe rybuddiodd o fi i beidio â mynd i rai llefydd yn y ddinas—yn Copenhagen—ac wrth gwrs y peth cyntaf wnes i y diwrnod wedyn oedd mynd i'r llefydd yna. Cofio mynd i dafarn wrth y dociau, tafarn yn llawn o bobl galed iawn, tua'r adeg yma roedd hi, ac wedi iddyn nhw ddeall fy mod i'n Gymro, a 'mod i o wlad wahanol i Loegr, roedd arnyn nhw eisiau i mi ganu caneuon. Ac wedi i mi orffen y *repertoire* dyma ganu ''Dawel Nos'' a'r holl dafarn yn ymuno yn eu hiaith nhw,' ebe Pagan mawr y Nadolig.

Daeth yn amser i hel ei baciau i fynd i baratoi at waith y noson honno. Teimlais mai dibwys fyddai ei gymell unwaith eto i ysgrifennu am ei brofiadau. Bodlonais i mi fod yn un o'r bobl o bedwar ban byd a gafodd brofi o'i naturioldeb dros bryd o fwyd, ac efallai fy mod ymhlith ei lu cyfeillion.

'Mae hi wedi bod yn braf dy gyfarfod di, hwyl fawr rŵan.' Daliwn i eistedd yno, a brawddegau o'r sgwrs a fu yn tasgu yn erbyn waliau'r ymennydd, yn datgloi rhai hen freuddwydion ac yn gwneud i rywun sylweddoli fod pobl gwerth chweil ar ôl yn y byd 'ma. Roedd y Caffi yma yn denu pobl felly, yn sicr.

Mewn rhai munudau codais innau, a mynd at y ddesg i dalu.

'Mae o wedi cael ei dalu drostoch chi.' Syllais arni yn gwbl geg-agored. 'Y boi oedd yn eistedd efo chi.'

Calon neu Ddwy

Deg ceiniog y tro, ar y peiriant recordiau gorau yn y dre—rhai newydd, rhai benthyg ac ambell un drist, chwedl y gair Saesneg ar du blaen y peiriant. Ond roedd gan bob cân ei hanes, pob un yn golygu rhywbeth i'r holl selogion, ac yn dweud ychydig bach mwy wrthym ni am feddyliau'r naill a'r llall. Beth am wrando ar eu sgwrs?

'*TOO MANY BROKEN HEARTS IN THE WORLD*' *JASON DONOVAN*. (YN CHWARAE)

Kirsty ydw i. Jason Donovan. Roedd Glenn yn edrych yn debyg i Jason Donovan efo'i wallt golau hardd. Ond fe ddaeth hi, yn do, a'i ddwyn o. Dw i'n 'i chasáu hi gymaint. Wna i byth siarad efo hi eto.

Ro'n i'n meddwl mai rhywun oddi ar un o deithiau bws y gŵr oedd hi, neu pan oedd o'n fownsar yn y clwb disgo, ond hogan o lawr y ffordd, ychydig ddrysau i ffwrdd ydy hi. 'Feddyliais i 'rioed. Ac roedd hi'n arfer dod yma ac mi fyddwn i'n gwneud paned iddi. Mi fyddai hi'n torri gwallt y plant, Kelvyn a Kylie, ac mi fyddai hi'n arfer torri gwallt Glenn, a do'n i ddim . . . Mi gaiff hi'i dorri o bob dydd rwân os 'di hi isio.

Mi ofynnodd o i mi am ysgariad, ac mi griais i am ddyddiau . . . Mi ddaeth Mam yma a rhoi pryd o dafod iddo fo 'Be wyt ti'n 'neud? Ma' gen ti ddau o blant bach bendigedig!' Ond dw i ddim yn dallt, mae hi'n ei ddenu o rywsut. Mae ganddi hi ddillad neis a ballu, a ffigyr, ond dydy hi ddim yn ddel. Dim ond dau ddeg tri ydy hi, a 'ti'n gweld, mae Glenn yn dri deg. Dw i'm yn gwbod beth sy'n eu tynnu nhw at 'i gilydd. Liciwn i gael gwybod. 'Ti'n gweld, dw i 'di gneud dim byd o'i le, a fi sy 'di gorfod mynd i'r llys a bob dim fel'na. Roedd o'n ofnadwy. Mi fues i'n disgwyl am bedair awr i fynd i mewn. Mae 'na goblyn o lot o ysgaru y dyddie 'ma . . . neu betha gwaeth.

Dydw i ddim yn gwbod os ydw i isio fo'n ôl—mi alla fo wneud yr un peth eto 'tai o'n dod. Mae o wastad yng nghefn fy meddwl. Mae o'n dod yma rŵan fel 'tasa dim wedi digwydd, ac mi rydan ni'n ffrindia. Deud y gwir, 'dan ni'n well ffrindia rŵan nag oedden ni o'r blaen.

Dydy'r mab ddim yn hidio llawer am ei dad rŵan, ac maen nhw'n mynd i Sbaen ar wyliau. Mae gan ei hewythr hi *apartment* yno. Felly mi fydd o'n rhad i Glenn, a chân nhw ddim gwylie gen i. 'Ti'n gwbod, dw i'm yn beio Glenn o gwbl. I mi, hi sy ar fai yn llwyr. Dw i'n gwbod y bydd yn rhaid i mi ei hwynebu hi un diwrnod—mewn parti teulu, ac mae hi'n mynd i fod yn anodd. Ro'n i'n meddwl 'mod i'n mynd i'w gweld nhw efo'i gilydd pan oedd 'y nghefnder i'n un ar hugain. Ac ro'n i'n barod i'w gweld nhw efo'i gilydd, ond ddaethon nhw ddim. Roedd Glenn yn gweithio nos ac yn methu cael neb i wneud swop.

Mae brawd gŵr fy chwaer i, Conrad, yn andros o dda wrtha i, ac mae Kelvyn yn ei hoffi o'n fwy na'i dad, a deud y gwir. Mae o 'di gofyn i mi fynd allan, ond dw i'm isio dim byd felly. Dw i'm isio gorfod rhoi fy ngair. Dw i isio amser i mi fy hun. Dw i 'di arwyddo oddi wrtha i a'r plant yn unig ar y cardia 'Dolig eleni. Dw i 'di bod yn ddigon dewr i hynny . . .

'YOU WERE ALWAYS ON MY MIND' ELVIS. (YN CHWARAE)

Helô 'na! Sut 'dech chi heddiw? Gwyn Owen ydw i, a dyma 'nghornel i yn nhafarn y Fuwch Goch. A'r hen gân 'ma gan Elvis yn fy hoelio i i'r sedd. Dw i 'di bod yma dipyn yn hwyrach nag arfer yn syllu ar y bobl heno. Patrwm cwilt o gymeriadau, ond pawb er gwaethaf eu gwendidau a'u hamrywiaeth wedi bod yn iawn efo fi. A Margaret petai'n dod i hynny. Mi dw i 'di dod i 'nabod llawer drwy helpu yn y siop ffrwytha ar ben y stryd pan oedden nhw'n mynd i ffwrdd ar eu gwylia.

Ma'r hen stôl uchel ma'n ddymunol iawn achos mi fedra i fachu ambell i Gymro neu Gymraes a ddaw at y bar i gael sgwrs yn yr hen iaith. A chwarae teg, does 'na neb yn erbyn y Gymraeg yma; yn fy ffordd fach fy hun dw i'n gobeithio ein bod ni'n gallu dylanwadu ar y Saeson.

Dw i ddim yn ddiotwr mawr, dim ond hyn a hyn o haneri, ond heno dw i'n aros i sgwrsio efo cymaint ag a fedra i. 'Ti'n gweld, roedd Marged yn hoff o Elvis. Doedd o'n beth rhyfedd i mi ei cholli hi ar y Sadwrn olaf cyn i'r Karussis ddod yn 'dôl i'r siop? Syfrdan oherwydd sydynrwydd y peth, ond mae pawb 'di bod yn dda yn fan'ma. Dw i'm yn cysgu'n dda iawn ar fy mhen fy hun rŵan. Dw i'n iawn tan tua pedwar o'r gloch y bore, ond alla i ddim mynd yn ôl i gysgu wedyn.

Bryna i ddim y *Gazette* eto; ddeuda i wrthyn nhw lle i roi eu papur. Anfonais i *obituary* i mewn dair wythnos yn 'dôl (fedra i ddim meddwl beth ydy'r gair Cymraeg am *obituary*). Mae ganddyn nhw golofn yn does? A dydw i ddim yn deall pam, ond dim ond heddiw yr ymddangosodd o, ar ôl yr holl ddisgwyl bob dydd Gwener am y *Gazette* mawr.

Ond mi'r oedd 'na rai yn cael neidio'r ciw, a rhai oedd wedi marw ar ôl Margaret, wedi ymddangos ynddo fo yn y drefn amser gywir. Ond nid Margaret druan. Ro'n i ar y ffôn efo nhw wythnos yn 'dôl ac mi ges i ymddiheuriad, a gair efo'r Golygydd. Ond eto yr wythnos wedyn dim byd yn y papur. Dim ond tri nodyn am farw rhywun oedd 'na bryd hynny, ac yn coroni gweddill y dudalen, roedd 'na hysbyseb enfawr am geir i'w gwerthu mewn pedair sêl ar ddechrau'r flwyddyn. Mi godais i'r ffôn 'na echdoe a rhoi'r Golygydd 'na yn 'i le. 'Mi ddylech chi boeni mwy am y bobl sydd wedi mynd o 'ma, ond eto pres di'ch unig beth chi. A'r oes hon. Os yden ni'n iawn ac yn talu am eich papur chi, mae'n siŵr fod popeth yn iawn. Wel bryna i ddim eich hen bapur chi eto, wir.' . . .

'I WANT IT ALL' QUEEN. (YN CHWARAE)

Haia, Ali dw i. Pam y fi? Pam neb arall yn y dafarn 'ma? Fi sy'n ei chael hi o hyd. Pam na allwn i ddewis rhywun call, rhywun i mi? Mae'n rhaid fy mod i'n denu math arbennig o ddyn. Mae'n rhaid. Does 'na neb arall isio dim i'w wneud efo mi. A dyma lle dw i'n dod bob nos Sadwrn gan hel esgusion wrth bawb. Maddeuwch i mi, ond dw i 'di cael dipyn bach gormod heddiw; dw i wastad yn cael gormod. Mi fydda i yn y Capel 'fory a phawb yn meddwl 'mod i'n wahanol iawn, ond un o griw nos Sadwrn y dafarn ydw i, yn ymbalfalu rhwng y gwydrau a'r ffags a llygaid y dynion 'ma—ac yn cyrraedd rhai o drychinebau dynoliaeth.

Does 'na neb i'w feio ond y fi fy hun. Dw i'n gweld dim pellach na 'nhrwyn medde pawb, ond dw i'n gwbod be dw i'n 'neud. Gen i ddylai fod y rheolaeth ond alla i ddim peidio. Ma' 'na ryw sbot meddal yn y mwyafrif o bobl, pam fod raid i mi drio'i gyrraedd o mewn pobl fel hyn? Ond diawled 'di dynion. Pam ma'n nhw'n gadael fy lle i am hanner awr wedi pedwar—nhw a'u celwydd. Diawled.

Fi 'di'r olaf i gael gwybod y gwir. Dyna chi Meurig. Sut y gwyddwn i fod ganddo fo blant ar hyd a lled Cymru gan wahanol wragedd? Dydw i ddim yn gallu darllen blydi meddyliau. I mi, roedd o'n foi iawn oedd yn digwydd dod i'r dafarn a wyddwn i ddim byd am ei gefndir o. Ond ffrind i un o ffydd-loniaid y bar a wyddai amdano fo, y fo a'i hanes, ei blant a'i wragedd. Ac mi ddeudis i wrtho fo. Dim mwy o'i gwmni o tan hanner awr wedi pedwar wedyn. Roedd o 'di heglu hi ar gefn ei lorri ar daith bell at ryw ferch handi arall i'w defnyddio.

'OH YES, I'M THE GREAT PRETENDER'. (YN CHWARAE)

Ew, dw i'n licio hon *'Oh yes, I'm the Great Pretender . . . '* 'Dan ni gyd 'run fath efo cariad, yn tydan—yn panicio'n lân os na chawn ni o, fel gwyfyn yn ceisio'r golau cynnes. Tydy'r amser yn hedfan, pan wyt ti'n meddwl i lle mae'r blynydd-oedd dwytha 'ma 'di mynd? Mi fydda i'n edrych arna i fy hun yn y drych ac yn meddwl 'Ali, be wyt ti go iawn? Pwy wyt ti go iawn? Fedri di edrych arnat ti dy hun ym myw dy lygad yn y drych? Ydy'r hyn weli di'n onest, yn cyfleu'r cyfan? Beth fydd yfory'r wyneb hwn? Dod o hyd i ddaioni neu fwy o fethiant?' Gobeithio na wna i ddim colli rheolaeth. Fedrwn i ddim wynebu hynny. A'r hen linellau profiad 'ma hyd fy wyneb, mae'n anodd edrych ar y rheina'n blaen a bodloni.

Dw i'n dal yn yr un twll o hyd. Cymerwch chi hwn wrth f'ochr i, sydd ar y ffordd i fod yn feddw dwll. Tynnwch ei datŵ, ei glustdlws a'i steil gwallt o, a beth ydy o? Bagiad arall o gelwyddau, diawl arall. Ond mae o'n gwneud i mi deimlo'n gynnes am awr neu ddwy. Mae ganddo fo ei orffennol hefyd —o leia mae o wedi deud wrtha i am hwnnw. Goblyn o hanes plant a gwragedd ymhobman ganddo fo hefyd ac ynta byth yn mynd i'w gweld nhw, y diawl bach hunanol. Ond mae 'na rywbeth annwyl wedi'i gladdu yno y tu ôl i'r cyfan; finna di'r unig un digon gwirion i gredu hynny ac i gael fy mrifo eto. Ond am funudau beth bynnag dydy 'mywyd i ddim yn dipiau mân o gwmpas fy nhraed i. Am y dyfodol, cawn weld. Y ddegawd nesa, pwy a ŵyr? Ond am heno 'ma, dw i am ddewis *'Happy Christmas. War is Over,'* ar gyfer y jiwc bocs. John Lennon a Yoko Ono, ac os edrycha i'n ddigon dyfn i'w lygaid o, gobeithio y bydd o'n eiddo i mi eto heno. Hanner awr wedi pedwar, neu *lie-in*, hyd yn oed!

O, yr uffar bach, mae o'n dechra tynnu'i drowsus o flaen pawb, yn gwneud sioe ohono fo'i hun. Pam fod raid iddo fo wneud hyn o hyd yn 'i ddiod? Mae'r gân wedi chwerwi cyn ei chwarae.

'LOVE IS LIKE A BUTTERFLY' DOLLY PARTON. (YN CHWARAE)

Jeff ydw i. Jeff Jones o'r Ponciau, ac mae'n rhyfedd clywed Dolly o bawb, bron yn ddoniol. Roedd Malcolm ro'n i'n arfer byw efo fo yn Bournemouth yn hoffi Dolly Parton. Felly dw i'n cofio'i chaneuon hi. Roedd ganddo fo ei L.P.'s hi i gyd. Rhyfedd fel dw i'n dal i gofio. Maen nhw'n deud fod amser yn gwella briw, ond dw i ddim mor siŵr. Falle y g'na i anghofio rywbryd. Pum mlynedd! Mae'n amser hir i gael perthynas efo rhywun, ac wedi i mi wybod 'i fod o'n anffyddlon, do'n i ddim yn medru aros yno. Roedd o'n golygu mynd heibio

93

ei le gwaith o i f'un i, ac roedd ganddon ni'r un ffrindie, ond roedd yn rhaid i mi fynd. Dydy rhywun ddim yn sylweddoli maint y golled tan nad yden nhw yno. Do'n i ddim yn medru cysylltu efo neb yn feddyliol nac yn gorfforol fel oeddwn i'n gneud â Malcolm.

Ond mae dwy flynedd wedi mynd heibio ac mae arwyddion fod pethau'n gwella a bod 'na ffon fesur wahanol i bethau erbyn hyn, a ninnau'n ffrindiau eto. Rhyfedd, fe fydden ni'n arfer cerdded ar y traeth ar ddiwrnod Nadolig, mynd â'r ci am dro. Ond mi adewais i bopeth—y fideo, y recordiau a bob dim, a chlirio allan. Ac roedden ni wedi gweithio'n galed ar ein cartre, wedi stripio'r paent i gyd hyd y pren ymhobman. Mae amser yn gwella pethau, ond ddim yn llwyr. Byth yn llwyr. Ond allwn i ddim aros. Gorfod gadael fy ngwaith yn gosod y ffenest siop, y cyfan. Popeth. Ac yna ailddechrau. Mi a' i'n ôl ryw ddydd pan fydda i'n ddigon cryf, yn ôl at y tonnau ar y traeth ac ar y llwybr clogwyn. Ac i wynebu Malcolm fel ffrind, fo a'i recordiau Dolly Parton. Rhyfedd, ond mae'r gân yn wir, a chariad fel glöyn byw crynedig, ansicr, brau yn ceisio angor neu borthladd rhag y nos.

'ENDLESS LOVE' DIANA ROSS A LIONEL RICHIE. (YN CHWARAE)

Haia, Deborah ydw i. Dw i'n gweithio yn y siop ddillad lawr y ffordd yn y gwyliau. 'Dech chi'n gwbod, yr un *His 'n Hers.* Mi fydda i'n dod i'r dafarn yma bron bob dydd amser cinio, gan fy mod i yn y Coleg Celf. Dwn im os ydw i'n ffitio yn fanno chwaith gan fod pawb mor brysur yn trio gwneud argraff. Ew, mae'r gân 'ma yn gwneud rhywbeth i mi. Mwy o deimlad yng nghanu'r bobl dduon yn does? Mae'n dod ag atgofion i ysgafnu dadrith hogan un ar hugain. 'Ti'n gwbod roedd 'na adeg pan o'n i'n arfer teimlo'n ysgafn fel aderyn yn neidio o lein ddillad i lein ddillad arall yng nghefn ein tai ni. Wedyn mi ddaeth Chris. *'You never know where I'll pop up,'* oedd ei eiriau fo, a rŵan mae o cyn belled o 'nghalon i â Timbuktu. Ac eto mae o'n iawn hefyd. Ofn wynebu fo'i hun, a'i deimladau sy gen Chris druan. Mae o'n actio byw fel mae'r *'macho men'* yn 'i wneud. 'Ti 'di gweld nhw—*'all brawn and no brain'*. Tasa fo'n gallu llacio gafael ar y masg a dod i' 'nabod ei hun, i' lecio'i hun, fe fasa fo'n iawn. *'He'd be good for God,'* fel dudodd Abigail, fy ffrind i o Fryste.

Gweithio yn y Pwll yn *Plas Madoc Leisure Centre* mae o. Mae o'n cael digon o sylw yn fanno. Isio sylw oedd o o hyd, byth yn rhoi sylw. Yn y dechrau o'n i'n meddwl 'i fod o'n ffantastic, fel rhywun wedi dod o blanet Sbot efo'i lwch cosmig i ganol fy mywyd cyffredin i. Mi'r oeddwn i'n meddwl rywsut ei fod o'n gweld yn ddyfnach na'r lleill, yn gweld y fi y tu mewn i mi. Mae 'na 'fo go iawn', un y ces i gip arno fo cyn iddo ddiflannu eto, a gwibio'n ôl i blaned Sbot. Dw i'n cofio sgwrsio efo fo'n agored, tra dw i'n swil efo rhai eraill. Ond mae'r cyfan yn mynd i guddio o dan y ddelwedd sy'n dod yn ôl o hyd.

Pres, pres a mwy o bres, dyna'i bethau fo, i gadw'r talp o fetal 'na mae o'n swancio o gwmpas ynddo fo. Mi fydd 'y nghalon i'n dal i lamu pan wela i gar tebyg. Llamu rhag ofn. O'n i'n meddwl 'i fod o'n gweld y tu mewn i mi, at yr hanfod, heibio i'r allanolion. Mae pawb arall yn ymateb i'r rheini. Chris oedd yr unig ddelwedd y credais innau ynddi erioed.

'Dach chi fath â fi? Ma' 'na bobl yn ein byd ni'r yden ni'n falch o gael gweld eu bod nhw'n dal yno, yn dal i fyw o ddydd i ddydd, ac eto rywsut ofn dychwelyd i'w byd nhw rhag ofn nad oes yr un croeso yn eu llygaid. Fyddech chi byth yn gwbod pa olwg i'w ddisgwyl gan Chris—golwg falch o hir-bell, neu olwg fel tasech chi ddim yn bodoli mwyach.

Ar ôl i mi ddarfod efo fo, doedd hi ddim yn hawdd. Ond mi ddisgynnodd darnau jig-so dadrith i'w tyllau. Rhyfedd y trawsnewid o fod yn berson arbennig iawn ym meddwl rhywun i fod yn berson cyffredin. Pan welwch chi rywun ar ôl bwlch o amser a sylweddoli fod yr hen hud wedi cilio. Ychydig eiriau yn unig a 'Well, I'd better shoot off'. Ia, shoot off i gadw dy gar a dy ddelwedd yn eu lle. Cwbl oedd ei sgwrs oedd 'See you're driving a new car?' Ychydig o ddyddie yn ôl mi weles i o. 'Mae'n ddrwg gen i am beidio gyrru cerdyn Nadolig.' Celwydd, celwydd. Mi es i allan at y sêr am dro i glirio 'mhen o'i gelwydd. Pobl bwdr ydy pobl y delweddau 'ma, er eu bod nhw'n denu, ar yr wyneb. Does na'm celwydd yn y sêr, a'r lleuad a'r afon ac mi drois i atyn nhw. Roedd fy mreuddwydion i wedi chwalu fel tŷ gwydr a'i wydrau gobaith yn brin a thoredig.

Dw i'n gwbod nad ydw i'n golygu dim iddo fo, ddim hyd yn oed yn dod rhyngddo fo a'i ego, ac eto dw i'n barod i wrando'n reit cŵl ar ei esgusion pitw. A dyna cheek—gofyn i mi alw i mewn i Blas Madoc os oeddwn i isio mwy o sgwrs. Ha! Jôc fyddai hynny a fynta'n f'anwybyddu'n brysur braf. Glywais i gan Trish 'i fod o'n 'playing the field again', yn ei eiriau ei hun. Tasa'r naturiol yn cael tyfu, a'r ddelwedd yn cael llithro. Ond na, cachgi ydy o. Fo a'i blydi

96

ceir! Mae o'n meddwl mwy am gar nag y mae o am bobl, yn gweithio drwy'r adeg i gadw'r car sanctaidd ar fynd, ond ddim yn gweithio ar berthynas. Dw i'm yn dallt 'i ben o. Mi liciwn i fynd draw at fuarth y tŷ efo carreg, a chrafu'r paent i gyd oddi ar y car 'na er mwyn gwneud iddo fo sylweddoli fod yna gymaint mwy i fywyd, ac nad ydy'r car yn gallu teimlo. Dw i'm yn golygu bod yn rhaid iddo 'nghymryd fi yn ôl; ddim y fi ydy'r ateb i'w freuddwydion o, ond dw i'n mynnu mai dim ond hanner y sioe mae o'n 'i weld, fel yr oedd Cliff Richard yn canu yn y gân yna o *'Time'*. Sôn am Cliff, fo sydd ar y jiwc bocs rŵan. . . .

'A LITTLE IN LOVE' CLIFF RICHARD. (YN CHWARAE)

'Drycha pwy sy 'di dod i mewn. *Oh my God*, do'n i ddim yn disgwyl 'i weld o heno'n fan hyn . . . Dyna fi newydd gymryd wythnosau i dawelu a setlo fy meddyliau a dyna fo yn cerdded i mewn, yn wên ac yn esgus i gyd. Chris. Ac mae'r jiwc bocs yn tawelu . . .

'Degawd Newydd Dda i bawb'. Deuddeg o'r gloch yn seinio, a phawb yn fawr a mân yn uno yn nawns hen deulu'r llawr. *'Auld Lang Syne'* allan ar y stryd, a phawb law yn llaw. Dawns y nawdegau yn ysgwyd Kirsty, Gwyn, Ali, Jeff, Deborah a Chris, i wynebu'r dyfodol.

'Nôl ar y Stryd

Yn y dechreuad teimlai Alun fod yna 'rywbeth' yn y syniad annelwig o grefydd, bod yna rywbeth yn edrych ar ein holau. Cofiai iddo daflu llyfr o gerddi T. H. Parry Williams at gornel wal ei ystafell yn y Coleg am ei fod yn gymaint o besimydd. Roedd harddwch y byd wedi'i daro wrth syllu ar olygfeydd naturiol Ardudwy, er enghraifft. Doedd pobl ddim yno ar y cychwyn, doedd o ddim wedi teimlo eu cynhesrwydd a'u harddwch. Cofiai hefyd iddo weddïo'n hunanol yn yr ysgol am gael gwneud yn dda mewn arholiadau—dim arall.

Pan ddaeth cyfnod o hunan-archwilio i'w ran yn ystod ail flwyddyn y Coleg, roedd popeth o'i le, ni hoffai yr hyn a welai. Alun, o bawb, mewn 'carchar tywyll du' yn crafangu am y rhywbeth hwnnw a fyddai'n medru ei helpu. Os oedd Duw yn drugarog, a fyddai'n barod i'w waredu? Erfyniodd arno Fo un bore i ddod i'w gynorthwyo i ddeall ei anghenion ac i'w dywys ar y ffordd i wellhad. Ceisiodd y 'rhyw-beth' hwnnw'n ddyfal hyd Siliwen ei goleg ar nosweithiau cyn arholiadau, gan weddïo am y tro cyntaf o'r galon am gymorth i beidio â chyfeiliorni. Rhywsut fe aeth drwy'r cyfan a chafodd agosrwydd newydd at gyfaill o dde Cymru ar draws y coridor iddo yn y Neuadd Breswyl. Gwyddai ym mêr ei esgyrn fod y cyfeillgarwch hwn yn anfonedig nef.

Wedi cyfnod o erfyn mewn niwtraliaeth, câi Alun ddatguddiadau bychain ynghylch gwahanol agweddau o'i fywyd. Roedden nhw'n dod o rywle.

Wrth neilltuo ac encilio fwyfwy teimlai gyffyrdd-
iadau bychain bob hyn a hyn. Ciliodd yn llwyr rhag
y bywyd cymdeithasol gan na ddeallai neb. Doedd o
ddim hyd yn oed yn ei ddeall ei hun, ac yn raddol
dysgodd gilio'n ara' deg bach. Ildiodd i arweiniad y
tawelwch a ganfu o'i gwmpas, cafodd swcwr gan
Natur ac agorodd ffenestri ei ystafell led y pen er
mwyn gadael i'r 'rhywbeth' ddod i mewn.

Cafodd gip ar y 'rhywbeth' mewn cyfeillion,
diflannodd hud a gafael 'cyfeillion' eraill, clywid
anadliadau ohono yn nyfnder y gwynt, ym mhryd-
ferthwch y rhosyn, yn nhyfiant gardd ei dad, yng
ngwên plant bychain, yn yr amrywiaeth bwyd i'n
cadw, yn y coed, yng ngloyw ddyfroedd y nentydd.
Hyd haf cynhesrwydd Eisteddfod Maldwyn yn yr
hen fro, bu wrthi'n chwynnu profiadau'r llawr i
weld ym mha rai y tywynnai Duw. Parhâi'r Grym
i'w oleuo ar y ffordd. Yn wir, âi'r filltir arall i fod yn
ffyddlon drwy esbonio, dehongli a chyfeirio—
weithiau drwy'r glust, weithiau trwy weithred, dro
arall drwy'r llygad, bryd arall drwy boen. Roedd
yma gysondeb a grym oedd yn poeni amdano, yn
driw iddo.

Flwyddyn yn ddiweddarach, cerddai Alun lwybrau
clogwyni Llangrannog yn gynnar iawn y bore.
Roedd yma hedd o'r diwedd ac yntau'n barod i
wynebu'r Creawdwr, yn ei fychander. Medrodd
ryfeddu at y cariad a'r gofal personol a gynigiai'r
amgylchfyd iddo, gan beri iddo ryfeddu o hyn
ymlaen at bob bywyd, a phob is-adran o'r Bywyd
Mawr, pa mor fyr bynnag ei barhad. Gweddïodd:
'Dduw, gwna fi'n fychan, fel y medraf ryfeddu fel
plentyn yn ir a pharod i'r holl fywyd o'm cwmpas,
o'r dystiolaeth fwyaf i'r lleiaf dy fod ti yno, yn
gwneud dy safiad mor ddistaw ond mor effeithiol,

yn erbyn y drwg a ddyfeisiodd dyn.' Byddai mor rhwydd llithro'n ôl, ac amau, a rhwydau'r byd yn cau ar bob cwr. Roedd eu hosgoi a cherdded rhagddynt fel cerdded rhaff. Bellach roedd yn rhaid i bob dim fod mewn awyrgylch y byddai Ef yn cytuno ag ef.

Bu Alun yn hir yn rhoi corff o gig a gwaed go iawn am y gofal hwn amdano, er iddo hel meddyliau lawer tro. Ar fws yn yr Eidal y daeth Ef ato. Wedi cyfnod o bendroni daeth y goleuo. Iesu. Daeth ato mor dawel, mor dirion, yn un a'i deallai. Daeth ei Ysbryd ato yn Llywydd ond yn bennaf yn Gariad. Teimlai mor freintiedig ei fod wedi dangos Ei hun iddo. Wedi'r misoedd o'i geisio, daeth megis colomen yn y tywyllwch a gwyddai y medrai ymddiried y cyfan Ynddo. Deallai ei anghenion bob un, a gwyddai'n reddfol y byddai'n ei dywys yn ystyrlon hyd lwybrau bywyd, yn ei gysgodi rhag drwg am ei fod yn Ei garu. Bellach roedd holl ddrwg y byd a'i demtasiynau yn ddim o'u cydbwyso â'r Graig o Gariad. Y Graig o dan ei draed. Ond rhaid oedd dychwelyd i 'ffwrn y byd a'i ysol fflam . . . '

Daeth yn amser i symud ymlaen i'r Clwb Rygbi lle byddai 'sesh' yr aduniad yn ei anterth, yn llinach holl *rasmatas* dyddiau ysgol. Synhwyrodd Alun y criw unffurf yn syllu arno wrth y fynedfa. Pan oedd yn prynu sudd afal wrth y bar, meddyliai sut y byddai'r criw brith yn ymateb i'r tawelu bendigedig oddi mewn iddo. Roedd o'n hŷn rŵan ac arlliw o frifo cyfoethog yn ei lygaid a thipyn mwy o ddyfnder, fel cip ar frifo'r Gwaredwr dros ddynoliaeth. Eisteddodd yn barod yn eu plith gan fod y dyddiau gynt yn eu clymu â'i gilydd. Roedd o'n ôl ar y stryd, wedi'r cyfan.

Jamborî ffals efo'r un masgiau yn meddiannu ei

100

gilydd oedd yr hanner awr cyntaf, ac Alun yn dawel reit. Gwrthododd chwerthin ar chwedlau aflednais, ar sylwadau maleisus am rai llai ffodus, neu rywun oedd yn fwy hyderus na'r clic a ddigwyddai gerdded heibio. Roedd pawb arall yn chwerthin, yn eu dyblau yn ailgynnau hen fagwraeth, mor ddoniol, mor orffenedig, mor fas. Yr un oedd testun y sgwrs; roedd y cyfan fel rhyw adlais o'r blynyddoedd ysgol a'r rheini'n ddigyfnewid, yn afreal a phell. Roedd yr hen wynebau cyfarwydd o'i amgylch yn dal i sychedu am yr arwynebedd di-ddim. Drama fawr oedd y cyfan, drama o gadw wyneb, cadw'n cŵl a chofio'r brif reol o beidio dangos brychau yn y masg. Roedd y cyfan i fod mor gaboledig orffenedig, a chymerai pob cymeriad hyn yn ganiataol. Dair blynedd ynghynt bu Alun yno yn anterth y perfformiad; y masgiau yn ei ddenu a'i gyfareddu. Doedd dim swyn ynddynt bellach ac eithrio gweld y tu hwnt iddynt.

Bu'n un ohonynt, heb fod angen neb na dim yn y byd ond ei garisma ef ei hun. Bu fel y rhain, mor hunanddigonol, yn troi ei law at unrhyw beth. Alun fu'r patrwm. Cofiai gyflawni ei ran â sglein. Nid oedd parti yn gyflawn heb iddo glownio'i ffordd drwy'r dorf, y diniwed. Ennyd fan hyn ac ennyd fan draw, digon i gadw'n boblogaidd a dal ei big ym musnes pawb. Ef oedd y Charlie Chaplin meddal a fyddai'n peri chwerthin a chreu cynnwrf yn rhengoedd y masgiau. Ond tawodd y clown. Câi ailymuno â'r rhengoedd unrhyw adeg; câi ei dderbyn yn ôl ar yr un amodau, yr un terfynau a'r un slot breintiedig. Doedden nhw ddim yn newid; byddai ambell fasg yn fwy hunanol o dro i dro, ond buan iawn y llithrent yn ôl i'r hen fframwaith oherwydd yno roedd eu sicrwydd.

Nid oedd neb yn sylweddoli'n iawn beth oedd wrth wraidd tawelwch Alun, y crefu mewnol am gyfeillgarwch a chynhesrwydd agored. Ni allai'r masgiau ddygymod â digalondid, byddent yn fyddar i'r dyheadau dyfnaf a thawel. Fe âi eu hact rhagddi yn yr un modd un ai a oedd Alun yn rhan o'r llesmair o'i gwmpas neu beidio. Roedd y cyfan mor set a'r sgript mor hen. Teimlai'r wefr o allu synhwyro'r byd go iawn o'i gwmpas, a heno mewn ffordd dawel, ddigyffro, atgyfnerthwyd ei ffydd yn ei fywyd newydd. Ni wyddai'r hen griw o'i gwmpas ddim byd amdano. Dim byd o gwbl! Rhwydwyd hwy eto heno yn eu cyfaredd brau hwy eu hunain.

Cyn hir gadawodd Alun diriogaeth y masgiau i ddawnsio'n braf a rhydd ym myd y disgo. Roedd cael mwynhau'r caneuon o'r newydd yn falm, yn faddeuant. Dim ond unwaith yn ystod y dawnsio y daeth cysgod rhyw gwmwl du atgofus i'w feddwl, ond ciliodd mor llechwraidd ac y daeth. Teimlai'n falch ei fod yn ôl ar y stryd ac yn rhydd i ymdeimlo â phrofiadau dyfnach a mwy sylweddol llygaid y dawnswyr eraill.

Bu adeg pan gredai fod profiadau mwyaf bywyd fel cariad, crefydd a galar i gyd yn faterion hynod o ddramatig a chyhoeddus ond sylweddolai'n awr mai yn ddistaw bach y teimlid y profiadau gwael-odol. Yn y pethau syml y ceid gwir ddatgelu. Roedd cariad mab a merch yn ei hanfod yn beth syml iawn, yn gyfeillgarwch, nid yn sioe i'w harddangos fel y gwnâi'r *poseurs* 'ma o'i gwmpas. Yn nhawelwch y meddwl yr oedd modd goresgyn anawsterau, ac ni fedrai ef wneud mwy mewn oes mor ansicr na bod yn driw iddo fo'i hun, a bod yn gyson.

Deuai cymaint o bobl anghyson i gyffyrddiad ag o, i'w faeddu ac yntau yn gosod ei unplygrwydd i'w

102

droi bob siâp a'i frifo drachefn a thrachefn. Ond fe wyddai fod hyn yn iawn, ac wedi pob sylweddoli byddai'r 'brifo' yn codi fel clais, yn melynu wedi dyddiau ei gochni. A chan fod profiadau fel hyn yn aml, daeth yn haws ymgodymu â hwy o dipyn i beth. Ac er bod yn rhaid cyfaddef o dro i dro 'O dyna fo, fel'na mae pobl', roedd pob dydd hefyd yn cynnig ei wefr a'i gyfeillgarwch. Deuai ambell edrychiad i gynhesu'r cymalau o'r newydd ac i sibrwd yn ddistaw bach 'Wyt, mi'r wyt ti'n iawn i garu pobl'.

A bellach dyma fo'n ôl ar y stryd yn fwy gobeithiol a goleuedig, i drosglwyddo ffilm ei fywyd ar bared tri-dimensiwn yr hen fyd. Nid yw pethau'n brifo cymaint bellach gan fod Cyfarwyddwr newydd i'r ffilm, a'r llun ar y pared yn amryliw lachar.